Cinzia Randazzo

DALL'AMORE DI DIO PER L'UOMO ALL'AMORE DELL'UOMO PER DIO IN *A Diogneto* 10,2

Youcanprint Self-Publishing

Titolo | Dall'amore di Dio per l'uomo all'amore dell'uomo per Dio In A Diogneto 10,2
Autore | Cinzia Randazzo
ISBN | 978-88-93060-42-4

© Tutti I diritti riservati all'Autore
Nessuna parte di questo libro può essere riprodotta senza il preventivo assenso dell'Autore.

Youcanprin*t Self-Publishing*
Via Roma, 73 – 73039 Tricase (LE) – Italy
www.youcanprint.it
info@youcanprint.it
Facebook: facebook.com/youcanprint.it
Twitter: twitter.com/youcanprintit

Ai miei genitori e a Paolo

INDICE

PREFAZIONE..9
  1.1. Un testo significativo dell'A Diogneto.....15
  1.2. Struttura generale del testo antropologico 10,2...16
  1.3. Alcuni problemi testuali........................17
PARTE SECONDA...................................21
  2.1. "INFATTI DIO AMO' GLI UOMINI"....23
    2.1.1. L'amore motivo della creazione e della salvezza...23
    2.1.2. L'iniziativa divina nella creazione e nella salvezza..33
    2.1.3. Orientamento immediato del kôlon alla creazione...39
  2.2. "PER I QUALI (UOMINI) FECE IL MONDO"..39
    2.2.1. Il mondo...39
    2.2.2. L'uomo fine della creazione..............41
    2.2.3. L'atto creativo...................................45
  2.3. "AI QUALI (UOMINI) SOTTOMISE TUTTO QUANTO È SULLA TERRA"........50
    2.3.1. Gerarchia degli esseri.......................50
    2.3.2. A vantaggio dell'uomo.....................53
    2.3.3. Universale sottomissione..................57
  2.4. "AI QUALI (UOMINI) DETTE LA RAGIONE"...63
    2.4.1. La ragione umana.............................63
    2.4.2. La ragione donata.............................67

- 2.4.3. L'uomo beneficiario..........................71
- 2.5. "AI QUALI (UOMINI) DETTE L'INTELLETTO"...74
  - 2.5.1. L'intelletto umano...........................74
  - 2.5.2. L'intelletto donato...........................76
  - 2.5.3. L'uomo beneficiario..........................81
- 2.6. "AI QUALI (UOMINI) SOLTANTO DIO CONCESSE DI GUARDARE IN ALTO VERSO SE STESSO"......................................84
  - 2.6.1. Lo sguardo....................................84
  - 2.6.1.A. Lo sguardo in alto.........................88
  - 2.6.1.B. Lo status rectus...........................94
  - 2.6.1.C. Lo sguardo verso il cielo...............97
  - 2.6.2. Concessione divina.........................101
  - 2.6.3. L'uomo unico beneficiario...............105
- 2.7. "I QUALI (UOMINI) PLASMO' DALLA PROPRIA IMMAGINE"..............................109
  - 2.7.1. La plasmazione.............................109
  - 2.7.2. L'immagine nell'uomo.....................113
  - 2.7.3. L'immagine originaria....................116
- 2.8. "AI QUALI (UOMINI) MANDO' SUO FIGLIO UNIGENITO"...................................122
  - 2.8.1. Dall'antropologia alla soteriologia..122
  - 2.8.2. La missione del Figlio.....................123
  - 2.8.3. Figli nel Figlio................................125
- 2.9. "AI QUALI (UOMINI) PROMISE IL REGNO CHE È IN CIELO".........................129
  - 2.9.1. Dalla soteriologia all'escatologia.....129
  - 2.9.2. Le promesse e il loro compimento..131

2.9.3. Il regno..................136
 2.10. "E LO DARA' A COLORO CHE LO
 AVRANNO AMATO"...................145
  2.10.1. Il dono definitivo di Dio.............145
  2.10.2. La fedeltà di Dio....................148
  2.10.3. L'amore per Dio condizione della
  salvezza finale..........................151
 CONCLUSIONE................................160

PREFAZIONE

As the title announces, in her latest work on this splendid writing of early Christian literature the author analyses one single sentence of Chapter Ten of the *Ad Diognetum*:

"For God has loved mankind, on whose account He made the world, to whom He rendered subject all the things that are in it, to whom He gave reason and understanding, to whom alone He imparted the privilege of looking upwards to Himself, whom He formed after His own image, to whom He sent His only-begotten Son, to whom He has promised a kingdom in heaven, and will give it to those who have loved Him." (*Roberts-Donaldson's translation*).

Doctor Randazzo goes into great detail when presenting the ten statements which are condensed in this long sentence, in this period, in this masterpiece of Christian rhetoric. Let us mention the key terms and concepts which are examined carefully in their biblical and philosophical environment.

In the first part of the sentence we can read about the tokens of God's philanthropy manifest in the work of creation: the cosmos itself; man being the final goal of creation; the act of creation; the universal submission of the created world to man; the hierarchy inside the created world; human reason and intellect; the special privileges given by God to man; man being created as the image of God. In the second main part of the period we can find soteriological statements: God sent his only-begotten Son to human beings, to whom he promised a heavenly kingdom, which promise will be fulfilled for those who love him. The following ideas related to human salvation are analysed thoroughly: the value of divine promises; the kingdom of heaven, which is God's final gift to mankind; God's faithfulness and reliability.

There is only one condition for our salvation: God expects of man to return his divine love. While drawing these descending and ascending movements of creation and salvation, the author paints also with clear colours the background of the *katabasis* and the *anabasis* of divine mercy (which movement calls to our minds the famous hymn of St. Paul's *Letter to the Philippians*). She evokes the following books of *Bible*, which are referred to in the *Ad Diognetum*: *Genesis, Exodus, Deuteronomy, The Second Book of Samuel, Psalms, Proverbs, Wisdom of Salomon, Nehemiah, Isaiah, Ezekiel, Daniel, The Gospels according to Matthew, Mark,* and *John, Acts of the Apostles, The Letter to the Romans, The First and Second Letters to the Corinthians, The Letter to the Ephesians, The First and Second Letters to Timothy, The Letter to Titus, The Letter to the Hebrews, The Letter of James, The First Letter of John,* and *The Book of Revelations*.

The witnesses of the early Christian tradition mentioned and quoted in this study are the following: Clement of Rome, Hermas, Ignatius of Antioch, *The Letter of Barnabas*, Saint Polycarp of Smyrna, Aristides, Saint Justin, Tatian, Athenagoras, Theophilus of Antioch, Apollinarius of Hierapolis, Irenaeus, Tertullian, Pseudo-Justin, Minucius Felix, Clement of Alexandria, Origen, and Lactantius.

References to Greek and Roman philosophers (Anaxagoras, Xenophon, Democritus, Plato, Aristotle, Epicurus, Lucretius, the Stoa, and Cicero), a historian (Polybius), and a pagan opponent of Christianity (Celsus) are not missing, either. The influence of the important representatives of Jewish exegesis (Philo and Rabbi Oshajjah the Great) is also examined carefully in this study.

Doctor Randazzo makes us acquainted also with the theories of a great number of modern scholars, with the results of the research work carried out *e.g.* by D. Barsotti, G. Di Gennaro, A. J. Festugière, L. Ginzberg, J. Jossa, J. Kirchmeyer, M. G. Mara, H. I. Marrou, H. G. Meecham, M. Pellegrino, J. Pépin, M. Pohlenz, and I. Sanna. The extent of the bibliography is also impressive, and it facilitates further research into the astonishingly rich world of this masterpiece of second century Christianity.

Just like in her previous works, the author aims at completeness and perfection also in this one. Virtually all the primary and secondary sources related to this topic have been collected, which allows us to obtain a clear and up-to-date picture about the present state of scholarly research.

This contribution has been worked out with meticulous care, which enables us to understand that the message of Christianity about God's benevolent care for mankind is condensed in this single sentence by the anonymous author of the *Ad Diognetum*. This message is to be unfolded by the first great theologian, Irenaeus, and his later disciples.

Budapest, 23-07-2015   Prof. László Perendy
                                       Pázmány Péter
                                       Catholic University
                                       Budapest, Hungary

PARTE PRIMA

1.1. Un testo significativo dell'A Diogneto

Un testo dell'*A Diogneto*[1] è particolarmente significativo dal punto di vista della dottrina antropologica rilevabile dal suo rapporto con la protologia che, insieme alla soteriologia, si apre all'evento escatologico.
Lo scopo di questo lavoro è, quindi, di analizzare il testo nelle sue articolazioni grammaticali e stilistiche al fine di offrire un tentativo di sintesi del pensiero dell'autore dell'*A Diogneto* sulla creazione del mondo e dell'uomo, sul valore salvifico della venuta del Verbo e sul valore escatologico dell'uomo riguardo alla sua definitiva dimora nel regno dei cieli. È opportuno, pertanto, rilevare che, dal punto di vista letterale, il testo antropologico presenta il genere commatico in quanto strutturato da nove *kommata* consecutivi introdotti da una frase principale (*kôlon*):

1. Infatti Dio amò gli uomini (ὁ γὰρ Θεὸς τοὺς ἀνθρώπους ἠγάπησε),

2. per i quali (uomini) fece il mondo (δι οὓς ἐποίησε τὸν κόσμον),

3. ai quali (uomini) sottomise tutto quanto è sulla terra (οἷς ὑπέταξε πάντα τὰ ἐν τῇ γῇ),
4. ai quali (uomini) dette la ragione (οἷς λόγον ἔδωκεν)

---

1 *A Diogneto* 10,2. Ed. crit. F. XAVER FUNK-K. BIHLMEYER-M. WHITTAKER, *Die Apostolischen Väter. Griechisch-deutsche Parallelausgabe*, Tübingen 1992, p. 318.

5. ai quali (uomini) dette l'intelletto (οἷς νοῦν),

6. ai quali (uomini) soltanto Dio concesse di guardare in alto verso Se stesso (οἷς μόνοις ἄνω πρὸς αὐτὸν ὁρᾶν ἐπέτρεψεν),

7. I quali (uomini) plasmò dalla propria immagine (οὓς ἐκ τῆς ἰδίας εἰκόνος ἔπλασε),

8. ai quali (uomini) mandò suo Figlio unigenito (πρὸς οὓς ἀπέστειλε τὸν υἱὸν αὐτοῦ τὸν μονογενῆ),

9. ai quali (uomini) promise il regno che è in cielo (οἷς τὴν ἐν οὐρανῷ βασιλείαν ἐπηγγείλατο),

10. e lo darà a coloro che Lo avranno amato (καὶ δώσει τοῖς ἀγαπήσασιν αὐτόν).

1.2. Struttura generale del testo antropologico 10,2

Il testo antropologico è composto grammaticalmente da una frase principale (*kôlon*), alla quale seguono nove proposizioni secondarie (*kommata*). I nove *kommata* sono introdotti dai pronomi relativi che permettono la partizione dei *kommata*, segnandone l'inizio in un incalzare progressivo assai significativo dal punto di vista teologico che sarà oggetto della trattazione.

1.3. Alcuni problemi testuali

Prima di passare all'esame del *kôlon,* seguito dai corrispettivi *kommata,* è necessario presentare brevemente la situazione testuale dell'unità letteraria in questione con le congetture dei filologi. Il manoscritto originario era stato distrutto durante la guerra franco-prussiana, il 24 agosto 1870, nella biblioteca municipale di Strasburgo. Tuttavia il manoscritto, prima della sua scomparsa, era stato collazionato da Haus per conto di Crusius nel 1579, da Estienne (Stephanus) che ha pubblicato per primo la sua copia nel 1592, e infine da Beurer che collazionò il manoscritto tra il 1586 e il 1592. Lo Stephanus curò la sua edizione con una serie di congetture relative ai passi lacunosi e corrotti che il codice presentava e delle osservazioni di Beurer che aveva comunicato la sua copia ad Estienne e a Sylburg, il quale, nella sua edizione del 1593, ha riprodotto parte delle sue annotazioni. Gli editori che si servirono della copia autografa preparata dallo Stephanus e delle congetture supplementari fornite da Beurer sono i seguenti: Sylburg (Heidelberg 1593), la cui edizione è stata riedita da Morel (Parigi 1686); Maran (Venezia 1746), la cui edizione è stata riprodotta da Gallandi a Venezia nel 1765; Oberthur (Wurtzburg 1737), la cui edizione è stata adottata da Migne a Parigi nel 1857 e infine la seconda edizione di Hefele (Tubinga 1842), che è stata riprodotta da Grentell a Londra nel 1844.[2] Sono altresì importanti le rispettive recensioni del manoscritto da parte di Cunitz nel 1842 e da parte di

---

2 Vedi H.I. MARROU, *A Diognète*, Paris 1965, pp. 33-34.

Reuss nel 1861 che servirono a Otto per la prima e la terza edizione delle opere del martire Giustino pubblicate rispettivamente negli anni 1843 e 1879.[3]

Dalla nuova collazione del manoscritto da parte di Otto dipendono tutte le edizioni successive. Merita di essere ricordato Hefele che per primo a Tubinga si era servito della collazione di Otto rispettivamente nelle edizioni del 1847 e del 1855. All'edizione di Hefele seguì quella di Funk che sempre a Tubinga ha ripreso e corretto il testo di Hefele nelle edizioni del 1878 e del 1901, avendo collazionato la copia di Haus ritrovata nella biblioteca universitaria di Tubinga da Newmann.[4] In particolare sono da ricordare le edizioni critiche di Gebhardt (Lipsia 1875, 1878) e di Harmer (Londra 1891, 1893). Le edizioni successive a quelle di Otto, di Funk, di Gebhardt e di Harmer non fanno altro che riprodurre con alcuni ritocchi personali queste succitate, tra le quali menzioniamo alcune più recenti: Buonaiuti (Roma 1921), Everts (Zwolle 1941), Blakeney (Londra 1943), Meecham (Manchester 1949), Marrou (Parigi 1965). Il testo è abbastanza sicuro rispetto alla fonte perduta per la diretta revisione del codice da parte degli editori citati precedentemente alla distruzione del manoscritto. In particolar modo l'edizione di Marrou, che si basa per la critica del testo sulle recensioni di Cunitz e di Reuss, e anche l'ultima edizione di Funk-Xaver-Bihlmeyer, a cui ci riferiamo, sono le edizioni più recenti che c'informano dello stato del testo.

---

3 J.C.Th. Von OTTO, *Iustini philosophi et martyris Opera quae feruntur omnia*, Jenae 1879.

4 Vedi H.I. MARROU, *A Diognète*, p. 35.

Per quanto riguarda, quindi, le lacune presenti nel testo antropologico in questione, è opportuno segnalare le relative congetture degli editori citati: è stato Estienne ad integrare la parola *τῇ γῇ* nella lacuna posta nel secondo *komma*.

Sempre Estienne reputa che la lettera posta nel manoscritto originario dopo la parola *μόνοις*, sia l'inizio della parola *ἄνω*.[5] La congettura di Stephanus è stata accolta dall'umanista Beurer che integrò la particella *ἄνω* nella copia da lui eseguita tra il 1586 e il 1592. È stato merito di Otto aver corretto il probabile errore di Morel che, riproducendo l'edizione di Sylburg, ha trascritto in modo scorretto *logon* con *logion*. Tale scorrettezza è stata recepita da Maran, la cui edizione è stata riprodotta da Gallandi, al quale segue Oberthur, la cui edizione è stata adottata da Migne fino a Otto escluso.[6] A proposito del pronome *αὐτόν* posto nel quinto *komma* che, nel testo tradito figura riferito a Dio, il grande filologo Lachmann congettura *οὐραν όν* al posto di *αὐτόν*. Probabilmente, come ci informa Pellegrino, Lachmann congetturò *οὐραν όν* nella contrazione *ουνον* che lo scriba avrebbe letto e trascritto erroneamente con *αὐτόν*.[7]

---

[5] *A Diogneto* 10,2. Ed. crit. J.P. MIGNE, *Patrologia graeca*, vol. II, n. 83, Parisiis 1886, col. 1181.

[6] Vedi J.C.Th. Von OTTO, *Iustini philosophi*, p. 199.

[7] M. PELLEGRINO, *Il "topos" dello "status rectus" nel contesto filosofico e biblico (a proposito di Ad Diognetum 10,1-2)*, in *Mullus. Festschrift Th. Klauser*, Münster 1964, p. 274.

PARTE SECONDA

2.1. "INFATTI DIO AMO' GLI UOMINI"
(ὁ γὰρ Θεὸς τοὺς ἀνθρώπους ἠγάπησε).

2.1.1. L'amore motivo della creazione e della salvezza

L'anonimo autore dell'*A Diogneto* introduce nel *kôlon* di 10,2 il tema dell'ἀγάπη. Tale concetto viene frequentemente ripetuto da Giovanni, secondo il quale l' ἀγάπη è amore divino, è la realtà stessa di Dio: "*Dio è amore*" (1Gv 4,16). In quanto amore personale di Dio, l'ἀγάπη, in *A Diogneto* 10,3, è preveniente, assolutamente prioritario: "*O come amerai colui che così ti ha amato per primo* (προαγαπήσαντά)?".[8] L'autore dell'*A Diogneto*, per il riferimento immediato del seguente *komma* alla creazione, riferisce l'*agape* all'azione stessa di Dio che gratuitamente crea il mondo, come afferma in ambito giudeo-alessandrino anche l'autore del Libro della Sapienza:

> Poiché tu ami (ἀγαπᾷς) tutte le cose esistenti
> e nulla disprezzi di quanto hai creato, se
> avessi odiato qualcosa, non l'avresti neppure
> creata (11,24).

L'*eros*, invece, nelle più antiche cosmogonie orfiche era l'amore generatore del mondo, inteso come realtà divina impersonale, come potenza cosmica che dà origine al mondo: "*La mente che genera per primo*

---

[8] Ed. crit. F. XAVER FUNK-K. BIHLMEYER-M. WHITTAKER, *Die Apostolischen Väter. Griechisch-deutsche Parallelausgabe*, Tübingen 1992, p. 318. Trad. di E. NORELLI, *A Diogneto*, Milano 1991, p. 117.

è l'amore (ἔρος) soave".⁹

Diversamente dall'*eros*, l'*agape* è realtà divina personale, è realtà di Dio libero e cosciente che entra in relazione comunicativa con l'uomo, donando la vita agli uomini, dei quali egli stesso ne è il creatore. Mentre l'eros, in quanto realtà mitica, è la forza sovrana che causa per necessità intrinseca il mondo, l'agape, in quanto atto divino volontario, è la rivelazione di Dio che fin dall'eternità ha voluto comunicare il suo amore all'uomo e instaurare con lui un rapporto di alleanza.

Per l'autore dell'*A Diogneto*, quindi, Dio crea per amore perché non è necessitato da niente; l'agape è amore preveniente in quanto Dio crea liberamente e per sua spontanea volontà, libero da ogni necessità interna. Ireneo similmente insiste sul carattere volontaristico dell'atteggiamento di Dio riguardo alla creazione, non mosso da alcuna necessità di ordine interiore: *"non c'è nulla né al di sopra di lui né dopo di lui: che non è stato spinto da nessuno, ma ha fatto tutte le cose per sua libera decisione"*.¹⁰

Secondo la dottrina platonica, esposta nel *Timeo*, il demiurgo genera il mondo perché è buono e tutto quello che produce è frutto della sua benevolenza:

> Egli era buono e in un buono non nasce mai nessuna invidia per nessuna cosa. Essendo dunque lungi dall'invidia, Egli volle che

---

9 Ed. crit. O. KERN, *Orphicorum fragmenta* 168,5, Berolini 1963, p. 201.
10 IRENEO, *Contro le eresie* 2,1,1. Ed. crit. A. ROUSSEAU-L. DOUTRELEAU, *Irénée de Lyon. Contre les hérésies*, Paris 1982, p. 26. Trad. di E. BELLINI, *Ireneo di Lione. Contro le eresie e gli altri scritti*, Milano 1981, p. 123.

tutte le cose diventassero il più possibile simili a lui.[11]

Per Platone il demiurgo è semplicemente benevolente perchè prodiga i suoi benefici per il mondo, ma non esplica la sua attività organizzatrice per amore, perchè l'amore esiste solo in quanto è possibile una relazione tra persone: tra il demiurgo e il mondo non esiste relazione reciproca perché Egli non si volge all'uomo, non si abbassa a lui e, quindi, non lo interpella, non va incontro all'uomo per instaurare con lui un rapporto di alleanza reciproca fondata su una totale rispondenza interpersonale; per tale motivo Egli ama se stesso ma non quello che produce. L'eros esprime in Platone l'amore divino che, a differenza dell'agape, porta in sé il carattere di necessità metafisica più che di autodonazione, perché non esiste vocazione da parte del demiurgo. Questo essere divino, dunque, ordina il mondo per necessità interiore, mentre nell'agape è implicita la volontà di Dio di mettersi in comunione con l'uomo. L'eros è un amore che stabilisce tra l'uomo e il demiurgo una relazione di benevolenza piuttosto che di compartecipazione tra Dio e l'uomo come nell'agape. La bontà del demiurgo, pertanto, è ascrivibile alla perfezione sovrana di un dio che non può non produrre necessariamente cose eccellenti, non alla sua volontà di instaurare, come nell'agape, una partecipazione interpersonale tra Dio e l'uomo.

---

11 PLATONE, *Timeo* 29e. Ed. crit. A. RIVAUD, *Platon. Oeuvres complètes. Timée, Critias*, t. 10, Paris 1963, p. 142. Trad. di G. REALE, *Platone. Tutti gli scritti*, Milano 1991, p. 1362.

In particolar modo Clemente Alessandrino, come l'autore dell'*A Diogneto*, chiarifica che Dio non solo è buono perchè non crea restando distante dall'uomo, ma crea per comunicare il suo amore all'uomo: "*Dio, essendo buono, ha amato* (ἠγάπησεν) *ciò che è buono*".[12] Dio non è solamente buono perchè ci ha chiamati all'esistenza, ma perchè gratuitamente vuole rendere l'uomo partecipe del suo amore. Il demiurgo platonico, come il motore immobile di Aristotele che muove ogni cosa, organizza tutto ciò che esiste perchè è l'artefice del mondo e, in quanto tale, non può amare ciò che produce perchè ciò sarebbe la causa dell'imperfezione stessa di tale essere divino assolutamente perfetto e sommamente intelligibile. Se dunque nell'eros il demiurgo è mosso unicamente dal bisogno di conservare la propria superiorità e perfezione rispetto alle cose esistenti, che in quanto prodotte da lui a partire dalla materia eterna sono inferiori e infinitamente distanti da lui, nell'agape, invece, Dio non è mosso da alcuna necessità di ordine esterno come se avesse bisogno della materia per creare le cose, ma, come sostiene Teofilo di Antiochia, Dio non ha bisogno di nulla per creare: "*Ma la potenza di Dio si rivela proprio in questo: nel creare da ciò che non esiste quello che vuole*".[13] Dio non crea, per

---

12 CLEMENTE ALESSANDRINO, *Pedagogo* 1,3,7,3. Ed. crit. H.I. MARROU-M. HARL, *Clément d'Alexandrie. Le Pédagogue*, Paris 1960, p. 122. Trad. di D. TESSORE, *Clemente Alessandrino. Il Pedagogo*, Roma 2005, p. 41.
13 TEOFILO di Antiochia, *ad Autolico* 2,4. Ed. crit. M. MARCOVICH, *Tatiani Oratio, ad Graecos. Theophili Antiocheni, ad Autolycum*, Berlin-New-York 1995, p. 42. Trad. di C. BURINI, *Gli apologeti greci*, Roma 1986, p. 383.

Teofilo come per l'autore dell'*A Diogneto*, necessariamente a partire dalla materia preesistente, ma Dio volontariamente crea a partire dal nulla. Quindi Dio, libero da ogni coazione esterna, manifesta nell'agape la sua volontà di mettersi in contatto con l'uomo, varcando in tal modo il rapporto di superiorità-inferiorità che intercorre tra Dio e l'uomo come nella mentalità greca, perchè Dio crea non necessariamente ma liberamente. Nell'agape si avverte questa perenne ed efficace volontà di Dio di comunicare la propria esistenza all'uomo di cui Egli stesso ne è il fautore per eccellenza. Pertanto tutte le cose esistenti sono frutto dell'amore libero e gratuito di Dio; nell'agape Dio è venuto incontro al mondo, si è messo in comunicazione col mondo ed ha instaurato un rapporto dialogico col mondo fin dall'inizio dei tempi, donando al mondo la vita della quale Dio stesso ne è la Sorgente.

L'agape, per l'autore dell'*A Diogneto*, è anche motivo della salvezza. In 8,11 l'autore dell'*A Diogneto* indica col termine Figlio, denominato prediletto ($\dot{\alpha}\gamma\alpha\pi\eta\tau\acute{o}\varsigma$) perchè amato dal Padre fin dall'eternità, la totale donazione del Figlio al Padre:

> Ma quando lo ebbe rivelato mediante il suo Figlio diletto ed ebbe manifestato ciò che era preparato sin dall'inizio, ci procurò tutto insieme: partecipare ai suoi benefici, vedere, comprendere. Chi di noi se lo sarebbe mai aspettato?.[14]

---

14 Ed. crit. F. XAVER FUNK-K. BIHLMEYER-M. WHITTAKER, *Die Apostolischen Väter. Griechisch-deutsche Parallelausgabe*, p. 316. Trad. di

Il Figlio prediletto è così la reale manifestazione del piano salvifico che era stato preparato prima della creazione del mondo. Il disegno divino di salvezza, rivelatosi nell'amore attraverso il Verbo, era precedente alla creazione. Un pensiero simile si intravede in Ireneo, secondo il quale attraverso il Verbo si rende visibile l'amore del Padre:

> Ma da sempre (Dio) si conosce secondo il suo amore (dilectionem), per il tramite di colui mediante il quale ha fondato tutte le cose. Ora questo è il suo Verbo, il Signore nostro Gesù Cristo.[15]

L'autore dell'*A Diogneto* conferma in 9,1-2 il carattere dell'amore precedente la creazione come motivo della salvezza perchè nel periodo precedente l'incarnazione del Verbo, il Padre insieme al Figlio preparavano il piano divino di salvezza per redimere gli uomini dai peccati commessi:

> Dentro di sé sapeva dunque ogni cosa, avendola disposta insieme con suo Figlio. Per tutto il tempo precedente (χρόνου), però, permise che noi ci lasciassimo trasportare a nostro piacimento da impulsi disordinati, (...). 2. Ma quando la nostra iniquità fu giunta al colmo e fu manifestato compiutamente che la ricompensa che se ne poteva attendere era castigo e morte, e

---

E. NORELLI, *A Diogneto*, pp. 108-109.
15 IRENEO, *Contro le eresie* 4,20,4. Ed. crit. A. ROUSSEAU-B. HEMMERDINGER-L. DOUTRELEAU-Ch. MERCIER, *Irénée de Lyon. Contre les hérésies*, Paris 1965, p. 634. Trad. di E. BELLINI, *Ireneo di Lione. Contro le eresie e gli altri scritti*, p. 347.

quando fu venuto il momento (καιρὸς) a partire dal quale Dio aveva prestabilito di manifestare la propria benevolenza e potenza (o sovrabbondante affetto (φιλανθρωπίας) e amore (ἀγάπης) di Dio per gli uomini), non ci odiò né ci respinse né ci serbò rancore, ma fu paziente, sopportò, nella sua misericordia (ἐλεῶν) prese su di sé i nostri peccati, consegnò lui stesso il proprio Figlio in riscatto per noi.[16]

Dunque, per l'autore dell'*A Diogneto*, l'amore è eterno, non è originato da qualcosa di esterno, ma è preesistente tra il Padre e il Figlio, perchè insieme hanno predisposto il piano salvifico che, nella pienezza dei tempi (καιρός), è stato rivelato agli uomini nel Figlio. Il periodo precedente la venuta del Figlio è un periodo in cui Dio si prende cura degli uomini perché mostra ad essi pazienza e tolleranza verso i peccatori. Nell'*A Diogneto* Dio mostra pazienza perché l'uomo non può salvarsi senza la sua misericordia: Dio guida l'uomo alla salvezza attraverso il suo amore che si manifesta nel Figlio. Dio prepara l'uomo verso l'età matura perché l'uomo non è stato creato perfetto, ma acquista progressivamente l'incorruttibilità divenendo in tal modo adulto, capace di comprendere il piano salvifico. Il periodo (χρόνος) precedente l'incarnazione del Verbo è un periodo in cui l'iniquità dell'uomo raggiunge il suo apice e l'atteggiamento di

---

[16] Ed. crit. F. XAVER FUNK-K. BIHLMEYER-M. WHITTAKER, *Die Apostolischen Väter. Griechisch-deutsche Parallelausgabe*, pp. 316-318. Trad. di E. NORELLI, *A Diogneto*, p. 113.

Dio è pedagogico nei confronti dell'uomo. Dio non respinge l'uomo ma manifesta il suo amore nell'attesa paziente della crescita da parte degli uomini che, divenuti spiritualmente adulti, possano comprendere il valore salvifico della rivelazione del Verbo, come esprime Jossa:

> Nella stessa concezione pessimistica appare del resto la consapevolezza di un atteggiamento pedagogico di Dio nei confronti dell'uomo quando l'autore non ha presenti soltanto le conseguenze disastrose del peccato, ma anche la ragione che muove Dio a sopportarle: mostrare all'uomo l'impossibilità in cui si trova di salvarsi senza la sua misericordia, che è precisamente la prospettiva nella quale si muove l'A Diogneto.[17]

È proprio nel periodo antecedente la venuta del Verbo che l'uomo prende coscienza dell'impossibilità di salvezza con le proprie forze, e diviene maturo per ricevere la rivelazione del Verbo che lo libera dal peccato.

Quindi in 9,2 il termine agape, identificato nel Verbo, ha valore eterno perchè è precedente alla realizzazione del disegno di Dio e assume un valore storico perché viene reso manifesto nel Verbo incarnato. Tale preesistente mutuo amore tra Padre e Figlio si manifesta nella pienezza dei tempi con la venuta del Verbo che dona agli uomini, mediante il riscatto dei peccati, la salvezza.

---

17 G. JOSSA, *Melitone e l'A Diogneto*, in "AIIS" 2 (1960-1970), p. 95.

L'autore dell'*A Diogneto* impiega anche il termine φιλανθρωπια per designare, come nella Lettera a Tito, la benevolenza di Dio che si manifesta nel Figlio:

> Quando però si sono manifestate la bontà e la benevolenza (φιλανθρωπία) di Dio nostro salvatore, Egli ci ha salvati non in virtù di opere di giustizia da noi compiute, ma per sua misericordia mediante un lavacro di rigenerazione e di rinnovamento nello Spirito Santo, effuso da lui su di noi abbondantemente per mezzo di Gesù Cristo (3,4-6).

In particolar modo Clemente Alessandrino si serve del termine *φιλανθρωπί α* per esprimere la tenerezza del Verbo che è paziente verso i peccatori:

> Quale straordinario amore (ὢ τῆς ὑπερβαλλούσης φιλανθρωπίας) ha Dio per l'uomo! Egli non si comporta come il maestro con gli scolari, o il padrone con i servi, né come Dio con gli uomini, ma ammonisce i suoi figli "come un tenero padre.[18]

Il termine *φιλανθρωπί α* nel pensiero stoico stava ad indicare la benevolenza degli dei, la loro sollecitudine per il bene degli uomini.[19] Clemente Alessandrino, come del resto l'autore dell'*A Diogneto*,

---

18 CLEMENTE ALESSANDRINO, *Protrettico* 9,82,2. Ed. crit. C. MONDÉSERT, *Clément d'Alexandrie. Le Protreptique*, Paris 2004, p. 149. Trad. di F. MIGLIORE, *Clemente Alessandrino. Protrettico ai greci*, Roma 2004, p. 162.
19 PLUTARCO, *Dalle comuni notizie* 1075e. Ed. crit. M. POHLENZ-R. WESTMAN, *Plutarchus, Moralia*, vol. VI.2, Lipsiae 1959, p. 99.

riprendendo il concetto di filantropia dalla mentalità stoica, afferma che il Verbo ha cura degli uomini, si mostra benevolo nei loro confronti perchè prepara per loro il piano salvifico. L'autore dell'*A Diogneto*, nella stessa prospettiva di Tito e di Clemente Alessandrino, si serve di questo termine per mostrare al pagano Diogneto che il Verbo è amico dell'uomo e, al contempo, posticipa alla filantropia il termine *agape* per informare l'interlocutore della realtà stessa del Verbo che si dona per il riscatto dell'uomo peccatore.

La $\varphi\iota\lambda\alpha\nu\theta\rho\omega\pi\iota\alpha$ precede l'$\dot{\alpha}\gamma\dot{\alpha}\pi\eta$ perché l'autore dell'*A Diogneto* vuole far notare al suo interlocutore che il Verbo è benevolo, in modo analogo alla cura che gli dei greci erano ritenuti avere nei confronti degli uomini, ma al contempo posticipa $\dot{\alpha}\gamma\dot{\alpha}\pi\eta$ per rendere noto a Diogneto che la stessa benevolenza del Figlio si è fatta dono per il riscatto dell'uomo. Dunque l'autore dell'*A Diogneto* in 9,2 identifica il Verbo con $\varphi\iota\lambda\alpha\nu\theta\rho\omega\pi\iota\alpha$ e $\dot{\alpha}\gamma\dot{\alpha}\pi\eta$ per indicare che l'*agape* è un amore più grande della relazione filantropica che sussiste tra Dio e gli uomini perché l'*agape* esprime la totale e gratuita dedizione di Dio nei confronti dell'uomo, resa visibile nell'incarnazione del Verbo che è evento salvifico nel tempo presente. L'*agape,* pertanto, è un amore di dilezione perché Dio vuole il bene altrui, è il desiderio che Dio ha di salvare l'uomo. Egli stesso si mette alla ricerca della pecorella perduta, va incontro ai deboli perché vuole la salvezza di tutti. Quindi nell'*A Diogneto* l'agape include la stessa filantropia che è l'atteggiamento di un Padre amorevole nei confronti del Figlio che, nell'incarnazione, esprime la sua totale donazione per la redenzione degli uomini dal peccato.

2.1.2. L'iniziativa divina nella creazione e nella salvezza

In 3,4 l'autore dell'*A Diogneto* afferma che Dio è il protagonista della creazione: "*Infatti, Colui che ha fatto (ὁ ποιήσας) il cielo e la terra e tutto quanto contengono (...)*".[20] L'autore dell'*A Diogneto*, come Atti 14,15, è in polemica con i pagani che credono negli idoli inerti e sordi, i quali non hanno vita, perchè sono falsi dei. Invece Dio, anche in Atti 14,15, è creatore di tutte le cose perchè dà la vita, fa esistere tutte le cose e gli uomini: "*Vi predichiamo di convertirvi da queste vanità al Dio vivente che ha fatto (ἐποίησεν) il cielo e la terra, il mare e tutte le cose che in essi si trovano*". Dio crea perchè chiama all'esistenza tutte le cose e gli esseri viventi che sono sulla terra a differenza degli idoli che, a loro volta manufatti, non possono creare. L'autore dell'*A Diogneto* in 3,4 si pone, quindi, in linea con la dottrina genesiaca di 1,1 perchè Dio è creatore sia del cielo sia della terra, a differenza di Marcione, il quale, invece, sosteneva che la materia non è opera di Dio perchè è causa del male; quindi esiste una separazione tra Dio Padre creatore del cielo e il

---

[20] Ed. crit. F. XAVER FUNK-K. BIHLMEYER-M. WHITTAKER, *Die Apostolischen Väter. Griechisch-deutsche Parallelausgabe*, p. 310. Trad. di E. NORELLI, *A Diogneto*, p. 113.

demiurgo plasmatore della materia. Anche Giustino, descrivendo Dio Padre come creatore del cielo e della terra, era mosso, come l'autore dell'*A Diogneto*, dall'intento di difendere la dottrina della creazione dall'eresia marcionita: "*Per tutti i beni che riceviamo ringraziamo il creatore (ποιητήν) dell'universo per il Suo Figlio e lo Spirito Santo*".[21]

L'autore dell'*A Diogneto* in 7,2 mette in evidenza il concetto della sovranità di Dio sul creato attraverso il termine παντοκράτωρ: "*È stato veramente Dio in persona, l'Onnipotente, (παντοκράτωρ) (...)*".[22] Il termine, che indica la forza e la capacità creatrice di Dio, viene impiegato anche da Giustino per rendere ben chiara l'iniziativa di Dio nell'ordine della creazione, in quanto Dio è sovrano di ogni cosa: "*Cristo è venuto secondo la potenza del Padre onnipotente (παντοκράτορος)*".[23] In 8,7 l'autore dell'*A Diogneto* insiste nel sottolineare l'azione creatrice divina per il fatto che identifica il sostantivo δημιουργός con θεός: "*Dio infatti, il padrone e creatore (δημιουργός) dell'universo, che ha fatto tutte le cose e le ha disposte secondo un ordine (...)*".[24] Dio

---

21 GIUSTINO, *Apologia* 1,67,2. Ed. crit. M. MARCOVICH, *Iustini Martyris. Apologiae pro christianis*, Berlin-New-York, p. 129. Trad. di A.R. RACCONE, *S. Giustino. Le due apologie*, Milano 2004, p. 126.

22 Ed. crit. F. XAVER FUNK-K. BIHLMEYER-M. WHITTAKER, *Die Apostolischen Väter. Griechisch-deutsche Parallelausgabe*, p. 314. Trad. di E. NORELLI, *A Diogneto*, p. 101.

23 GIUSTINO, *Dialogo con Trifone* 139,4. Ed. crit. M. MARCOVICH, *Iustini Martyris. Dialogus cum Tryphone*, Berlin-New-York 1997, p. 310. Trad. di G. VISONÀ, *Dialogo con Trifone*, p. 380.

24 Ed. crit. F. XAVER FUNK-K. BIHLMEYER-M. WHITTAKER, *Die Apostolischen Väter. Griechisch-deutsche Parallelausgabe*, p. 316. Trad. di

Padre, in quanto è l'ordinatore del mondo, crea il mondo in modo progressivo: prima Dio creò il cielo, poi la terra, poi la luce, le acque, le piante, gli animali e infine l'uomo. L'autore dell'*A Diogneto*, collegando δημιουργός con θεός, dimostra che il demiurgo è colui che ordina la materia in quanto l'ha creata. Platone concepiva il demiurgo come un essere semidivino, inferiore all'Essere in sé sommamente inconoscibile e infinitamente distante; il demiurgo aveva il compito di formare la materia caotica preesistente alla maniera di un artigiano che imprime una forma al materiale su cui sta lavorando:

> il (demiurgo) prendendo quanto era visibile
> e che non stava in quiete, ma si muoveva
> confusamente e disordinatamente, lo portò
> dal disordine all'ordine, giudicando questo
> totalmente migliore di quello.[25]

Invece, per l'autore dell'*A Diogneto*, l'attività creatrice e organizzatrice dell'universo e tutto ciò che esso contiene è opera di un unico Dio.

In 7,2 l'autore dell'*A Diogneto* presenta il Figlio col titolo di δημιουργός, che in 8,7 era riferito solo al Padre, per indicare che l'iniziativa di Dio nell'atto creativo è mediata dall'azione creatrice del Figlio: "(...) *proprio l'artefice* (δημιουργόν) *e l'ordinatore* (τεξνίτην) *dell'universo, per mezzo del quale ha creato i cieli* (...)".[26] L'autore dell'*A Diogneto*,

---

E. NORELLI, *A Diogneto*, p. 108.

25 PLATONE, *Timeo* 30a. Ed. crit. A. RIVAUD, *Platon. Oeuvres complètes. Timée, Critias*, t. 10, Paris 1949, pp. 142-143. Trad. di G. REALE, *Platone. Tutti gli scritti*, p. 1362.

26 Ed. crit. F. XAVER FUNK-K. BIHLMEYER-M. WHITTAKER, *Die*

chiamando il Figlio δημιουργός come il Padre, sostiene che il mondo è stato creato e ordinato dal Padre e dal Figlio, allontanando in tal modo la concezione della inferiorità del Figlio rispetto al Padre nell'atto creativo.

L'autore dell'*A Diogneto* in 9,2-4 afferma che Dio, per mezzo del Figlio, redime i peccati degli uomini donando a loro la salvezza:

> consegnò lui stesso il proprio Figlio in riscatto per noi, il santo per i criminali, l'innocente per i colpevoli, il giusto per gli ingiusti, l'incorruttibile per i corruttibili, l'immortale per i mortali. Chi altro, infatti, avrebbe potuto coprire i nostri peccati, se non la sua giustizia? In chi era possibile che fossero giustificati i criminali ed empi che eravamo, se non nel solo Figlio di Dio?.[27]

L'autore dell'*A Diogneto* ricalca il pensiero dell'autore della Lettera a Timoteo, che probabilmente è stata scritta dall'apostolo Paolo, per il quale Dio dà se stesso nel Figlio che, con la sua morte e risurrezione, redime dai peccati tutta l'umanità, rendendo a tutti noto il disegno divino di salvezza: "*Uno solo infatti è Dio e uno solo il mediatore fra Dio e gli uomini, l'uomo Cristo Gesù che ha dato se stesso in riscatto per tutti*" (1Tm 2,5-6). Nella Lettera ai Romani Paolo, come l'autore dell'*A Diogneto,* attesta che il Verbo, donando

---

Apostolischen Väter. Griechisch-deutsche Parallelausgabe, p. 314. Trad. di E. NORELLI, *A Diogneto*, p. 101.

27 Ed. crit. F. XAVER FUNK-K. BIHLMEYER-M. WHITTAKER, *Die Apostolischen Väter. Griechisch-deutsche Parallelausgabe*, p. 318. Trad. di E. NORELLI, *A Diogneto*, pp. 113-114.

la sua vita in remissione dei peccati, riconcilia a Sé gli uomini peccatori per manifestare la sua giustizia: *"Egli manifesta la sua giustizia nel tempo presente, per essere giusto e giustificare chi ha fede in Gesù"* (3,26). Dunque per Paolo come per l'autore dell'*A Diogneto* Dio giustifica i peccatori attraverso la venuta del Figlio che, con la sua morte in croce, sconfigge il peccato che è nel mondo e, successivamente, col dono dello Spirito, offre in tal modo agli uomini la possibilità di ricongiungersi a Dio.

L'autore dell'*A Diogneto* in 7,4 mette in rilievo che l'iniziativa salvifica di Dio è indirizzata all'uomo che aderisce con fede a tale progetto salvifico ed esclude coloro che non aderiscono volontariamente al piano redentore di Dio: *"l'ha inviato per salvare, per persuadere, non per fare violenza: perché non c'è violenza presso Dio"*.[28] Come l'autore dell'*A Diogneto* anche Clemente Alessandrino afferma che Dio interviene nella storia della salvezza non per imporre la salvezza all'uomo, ma per rispettare la volontà dell'uomo che Dio ha creato libero: *"Dio infatti non costringe, giacché la violenza è nemica a Dio"*.[29] L'autore dell'*A Diogneto*, quindi, si pone in sintonia con la concezione ireneana secondo cui Dio non impone la salvezza all'uomo e non lo costringe a credere nell'evento salvifico del Verbo redentore, bensì Dio

---

28 Ed. crit. F. XAVER FUNK-K. BIHLMEYER-M. WHITTAKER, *Die Apostolischen Väter. Griechisch-deutsche Parallelausgabe*, p. 314. Trad. di E. NORELLI, *A Diogneto*, p. 102.

29 CLEMENTE ALESSANDRINO, *Quale ricco si salverà?* 10,2. Ed. crit. GCS 3, p. 166. Trad. di M.G. BIANCO, *Clemente alessandrino. Quale ricco si salverà*, Roma 1999, p. 32.

lascia all'uomo la facoltà di rispondere sia positivamente che negativamente: "*Poichè conveniva che Dio ricevesse con la persuasione e non con la violenza quello che voleva*".[30] Per gli apologisti, come per l'autore dell'*A Diogneto*, la libertà umana è una dimensione fondamentale della fede, perchè la grazia divina, come afferma Zeoli, "*non interviene mai di prepotenza a dare alla vita dell'uomo una direzione morale*",[31] ma il libero arbitrio costituisce una componente essenziale, sebbene non prioritaria, per l'azione della grazia divina che rende l'uomo partecipe dell'evento salvifico realizzatosi nella venuta del Verbo; a differenza degli gnostici, i quali sostengono che, indipendentemente dalla libera volontà dell'uomo, gli eletti portano in sé la scintilla divina. Pertanto la priorità dell'atto salvifico è connessa alla volontà di Dio che non coarta la volontà dell'uomo perchè Dio non è violento. Quindi per l'autore dell'*A Diogneto* l'iniziativa divina nell'atto salvifico non può essere disgiunta dal carattere persuasivo dell'azione divina volta a rispettare la libertà dell'uomo, per mezzo della quale l'evento salvifico di Dio viene reso credibile all'uomo.

---

30 IRENEO, *Contro le eresie* 5,1,1. Ed. crit. A. ROUSSEAU-L. DOUTRELEAU-Ch. MERCIER, *Irénée de Lyon. Contre les hérésies*, Paris 1969, p. 20. Trad. di E. BELLINI, *Ireneo di Lione. Contro le eresie e gli altri scritti*, p. 412.
31 A. ZEOLI, *Libertà umana e grazia divina negli apologisti greci del II secolo*, in "Atti dell'Accademia Pontaniana" 4 (1950-1952), p. 228.

2.1.3. Orientamento immediato del kôlon alla creazione

La frase principale di 10,2, che introduce il tema dell'amore, è strettamente collegata al contesto della creazione attraverso la particella διά che lega il *kôlon* al primo *komma* ad esso adiacente: *"Per essi (uomini) (δι'οὕς) ha fatto il mondo"*.[32] Il contesto immediato del primo *komma*, che si riferisce alla creazione perché richiama la dottrina della Genesi 1-2 nella quale Dio creò prima il mondo e poi l'uomo, spiega e rende manifesto l'amore di Dio per il mondo, da Lui stesso creato, e per gli uomini che rappresentano il fine (δι'οὕς) e il coronamento del suo amore creativo. Pertanto l'amore di Dio, introdotto nel primo *kôlon*, si rende effettivo nella creazione del mondo e dell'uomo come sintesi finale della sua azione creatrice.

2.2. "PER I QUALI (UOMINI) FECE IL MONDO"
(δι'οὕς) ἐποίησε τόν κόσμον)

2.2.1. Il mondo

L'autore dell'*A Diogneto* nel primo *komma* di 10,2 adopera il termine κόσμος come sinonimo di "i cieli e la terra" che egli stesso menziona in 3,4: *"Infatti, Colui che ha fatto (ὁ ποιήσας) il cielo e la*

---
[32] Ed. crit. F. XAVER FUNK-K. BIHLMEYER-M. WHITTAKER, *Die Apostolischen Väter. Griechisch-deutsche Parallelausgabe*, p. 318. Trad. di E. NORELLI, *A Diogneto*, p. 117.

terra e tutto quanto contengono (...)".[33] L'autore dell'*A Diogneto*, quindi, sensibile all'influsso della filosofia greca, traduce con κόσμος l'espressione biblica della Genesi 1,1 che, come in Sap 9,9, indica l'insieme di tutto il creato: *"Con te è la sapienza che conosce le tue opere, che era presente quando creavi il mondo (κόσμον)"*. Il termine κόσμος, alla luce del secondo *komma* di 10,2, indica il mondo infraumano quale insieme di tutti gli esseri viventi inferiori all'uomo che Dio ha posto sulla terra: *"A essi ha sottomesso tutto quanto è sulla terra"*.[34] Il κόσμος, quindi, in 10,2 viene inteso in senso spaziale come l'universo quale insieme degli esseri viventi privi di ragione e delle cose inanimate create da Dio. In tal modo il termine κόσμος assume nel contesto di 10,2 il senso classico di materia ben ordinata, come afferma Bonora:

> Non si tratta di bontà in senso morale, è la bontà dell'ordine, dell'armonia, del cosmo appunto. È creazione buona perchè in rapporto di alleanza col creatore, perchè "Dio ama tutte le cose esistenti e nulla disprezza di quanto ha creato (Sap 11,24).[35]

Il mondo quale totalità di esseri sensibili e insensibili è, nell'*A Diogneto* come in Sap 11,24, sostanzialmente buono a differenza degli gnostici, per i

---

33 Ed. crit. F. XAVER FUNK-K. BIHLMEYER-M. WHITTAKER, *Die Apostolischen Väter. Griechisch-deutsche Parallelausgabe*, p. 310. Trad. di E. NORELLI, *A Diogneto*, p. 84.

34 Ed. crit. F. XAVER FUNK-K. BIHLMEYER-M. WHITTAKER, *Die Apostolischen Väter. Griechisch-deutsche Parallelausgabe*, p. 318. Trad. di E. NORELLI, *A Diogneto*, p. 117.

35 A. BONORA, *La creazione*, Roma 1990, p. 19.

quali il mondo è in sé causa del male perchè frutto di un peccato intradivino. Pertanto non si può pensare, come sostiene Buonaiuti, che l'*A Diogneto* possa essere attribuita al pensiero dell'eretico Marcione, perchè per Marcione il mondo non assume un carattere positivo come per l'autore dell'*A Diogneto*, ma è per natura malvagio in quanto creato dal Dio collerico e crudele degli ebrei, diverso dal Dio sommamente buono che si è manifestato in Cristo.[36]

2.2.2. L'uomo fine della creazione

L'autore dell'*A Diogneto* introduce nel primo *komma* di 10,2, mediante la particella διά, il finalismo cosmico: la creazione è predisposta all'uomo. La preposizione διά, seguita dall'accusativo οὖς, pur mantenendo il significato di causa, esprime anche il significato finale come ἕνεκα.[37] Nel contesto creazionale di 10,2 διά dà senso finale all'espressione, perchè il mondo è fatto da Dio prima della creazione dell'uomo, ossia in vista dell'uomo; quindi lo scopo dell'azione di Dio è indirizzato alla futura comparsa degli uomini sulla terra. L'autore dell'*A Diogneto* ci invita a riflettere sul senso della creazione e sul fine che essa riveste per Dio. L'autore riprende il carattere positivo della creazione del mondo e la sua destinazione all'uomo secondo l'impostazione della Genesi 1,29, in cui tutte le cose sono create in vista

---

36 E. BUONAIUTI, *Lettera a Diogneto*, Roma 1921, p. 19.

37 διά in H.G. LIDDEL-R. SCOTT, *A Greek English Lexicon*, Oxford 1968, col. 389.

della comparsa dell'uomo, perchè l'uomo se ne serva per il suo nutrimento e per la sua attività giornaliera attraverso il suo dominio su di esse:

> Ecco io vi dò ogni erba che produce seme e che è su tutta la terra e ogni albero in cui è il frutto che produce seme, saranno il vostro cibo (1,29).

Motivo confermato dalla dottrina stoica, secondo la quale tutti gli esseri di natura inferiore sono ordinati a quelli di natura superiore. Gli uomini si servono delle cose perchè sono a queste superiori in forza della ragione. Pohlenz mette bene in rilievo che la πρόνοια (provvidenza) è la forza sovrana che, insita nella natura, guida tutto verso l'uomo:

> La Stoà mette al centro della sua cosmologia proprio questa idea, che l'uomo costituisce l'unico scopo della formazione del mondo e che tutto è stato creato per lui.[38]

La provvidenza di Dio è finalizzata all'uomo. In particolare Cicerone afferma che *"tutte le cose, che sono in questo mondo, sono state fatte e preparate per gli uomini, delle quali si servono"*.[39] A differenza degli stoici, per i quali il mondo era preparato per gli uomini dall'azione provvidenzialistica del fato, il filosofo greco Epicuro, in linea con la concezione antideterministica della concatenazione causale di Democrito, afferma che il mondo non è assoggettato

---

38 M. POHLENZ, *La Stoà. Storia di un movimento spirituale*, Firenze 1967, p. 197.
39 CICERONE, *Dalla natura degli dei* 2,154. Ed. crit. M. van den BRUWAENE, *Cicéron. De natura deorum*, Bruxelles 1970, p. 209.

alla forza sovrana della necessità cosmica, bensì il mondo esiste casualmente per natura:

> D'altra parte, sarebbe meglio seguire il mito sugli dei piuttosto che finire schiavi del fato (εἰ μαρμένη) dei filosofi della natura.[40]

Quindi il mondo, per Epicuro, in quanto si è formato spontaneamente dai processi meccanicistici e biologici della natura, è ordinato casualmente all'uomo, perchè solo l'uomo, mediante la filosofia, può raggiungere il fine della vita beata:

> Infatti, un'infallibile considerazione di questi principi sa indirizzare ogni atto di scelta e di repulsa verso la salute del corpo e l'imperturbabilità dell'anima, poiché questo è il fine del vivere beatamente. È per questo scopo, infatti, che noi facciamo ogni cosa: appunto, al fine di non soffrire e non essere turbati dalla paura.[41]

Allo stesso modo Lucrezio, seguace di Epicuro, afferma che la natura ha per fine non il mondo ma l'uomo, perchè lui solo è capace di superare, mediante la saggezza, le imperfezioni insite nella natura e quindi nel mondo:

> Posso affermare – è evidente – che, se sussistono in noi tracce della nostra prima natura e che la filosofia è incapace di

---

40 EPICURO, *Epistola a Meneceo* 134. Ed. crit. e trad. di I. RAMELLI, *Epicurea. Testi di Epicuro e testimonianze epicuree nella raccolta di Hermann Usener*, Milano 2002, pp. 182-183.

41 EPICURO, *Epistola a Meneceo* 128. Ed. crit. e trad. di I. RAMELLI, *Epicurea. Testi di Epicuro e testimonianze epicuree nella raccolta di Hermann Usener*, p. 177.

> cancellare, esse sono così deboli che nulla potrebbe davvero impedirci di condurre una vita degna degli dei.[42]

Tuttavia, diversamente dalla Stoà, dove la provvidenza è la stessa forza insita all'interno della natura che guida, sostiene e ordina il mondo in funzione degli uomini, e, diversamente anche dalla concezione epicurea secondo la quale il mondo per pura contingenza casuale è indirizzato all'uomo, l'autore dell'*A Diogneto* afferma che la libera iniziativa di Dio, trascendente la natura, crea il mondo per gli uomini. Anche nel *Pastore* Erma afferma, mediante la particella ἕνεκα che ha valore finale come διά, la visione antropocentrica del mondo come culmine dell'azione creatrice di Dio:

> non sai che la gloria di Dio è grande, forte e stupenda? Egli non creò il mondo per (ἕνεκα) l'uomo e tutta la sua creazione sottomise all'uomo dandogli il potere di dominare ogni cosa che è sotto il cielo?.[43]

È probabile che l'autore dell'*A Diogneto* difenda la visione antropocentrica del mondo dall'accusa del pagano Celso che, invece, sosteneva che tutte le cose sensibili e insensibili che sono nel mondo sono finalizzate all'universo e non all'uomo, perchè queste

---

42 LUCREZIO, *Dalla natura delle cose* III,319-322. Ed. crit. A. ERNOUT, *Lucrèce. De la nature*, Paris 1959, p. 126. Trad. di O. CESCATTI, *Lucrezio. La natura*, Milano 1983, pp. 175-177.
43 ERMA, *Pastore, precetti* 12,4,2. Ed. crit. F. XAVER FUNK-K. BIHLMEYER-M. WHITTAKER, *Die Apostolischen Väter. Griechisch-deutsche Parallelausgabe*, p. 420. Trad. di A. QUACQUARELLI, *I Padri Apostolici*, Roma 1998, pp. 287-288.

contribuiscono a perfezionare l'universo quale opera creatrice di Dio. Origene, in maniera analoga all'autore dell'*A Diogneto*, risponderà contro l'accusa di Celso che invece il mondo è fatto per l'uomo:

> soprattutto infatti per la creatura razionale è stata creata ogni cosa. Celso dirà che non sono state create per l'uomo, come neppure per il leone e per gli altri animali da lui ricordati; noi al contrario diremo: il Creatore non ha fatto queste cose del mondo né per il leone, né per l'aquila, né per il delfino, ma ha fatto tutte le cose per l'animale razionale, allo scopo che "questo nostro universo possa essere realizzato completo e perfetto in ogni sua parte, come opera di Dio.[44]

2.2.3. L'atto creativo

Nel primo *komma* di 10,2 l'autore dell'*A Diogneto* impiega la voce verbale ἐποίησε per indicare che Dio è il fattore dell'universo. L'autore dell'*A Diogneto* riprende la voce verbale ἐποίησε dal libro della Genesi con cui i Settanta hanno tradotto il verbo ebraico *barà* per indicare l'atto creativo di Dio, l'atto di Dio che segna l'inizio del tempo e della storia: "*In principio Dio fece* (ἐποίησε) *il cielo e la terra*" (1,1). L'ebraico *bara*, introdotto in Gen 1,1 dalla tradizione

---

44 ORIGENE, *Contro Celso* 4,99,10-20. Ed. crit. M. BORRET, *Origène. Contre Celse*, Paris 1968, pp. 432-434. Trad. di A. COLONNA, *Contro Celso di Origene*, Torino 1971, p. 406.

sacerdotale, indica più che l'attività artigianale di Dio, tradotta nella tradizione preesistente mediante la voce verbale *asah*, la priorità assoluta del disegno divino per mezzo del quale Dio fa "*sorgere qualcosa di nuovo che prima non c'era*".[45] I Settanta però generalmente traducono più spesso ποιεῖν con l'equivalente ebraico *asah*[46] per designare l'azione di Dio che concretamente crea gli esseri viventi e l'uomo come afferma l'autore della Genesi: "*Facciamo (ποιήσομεν) l'uomo a nostra immagine, a nostra somiglianza*" (1,26). Anche nel Libro dei Proverbi la voce verbale *asah* viene tradotta dai Settanta con ἐποίησεν per esprimere l'agire di Dio che produce le cose, ossia l'intervento di Dio nella storia e, in primo luogo, nella natura per la creazione della materia e delle entità cosmiche: "*Dio fece (ἐποίησεν) al di sotto del cielo le campagne, i luoghi disabitati e le vette abitate della terra*" (8,26).

Diversamente da ποιεῖν, i Settanta, nel Salmo 50, indicano con κτίζειν la libera volontà di Dio che crea il mondo, ossia la volontà originaria di Dio "*grazie alla quale sorge qualcosa*"[47]: "*Crea (κτῖσον) in me, o Dio, un cuore puro*" (50,12). Il giudeo-alessandrino Filone conferma che la voce verbale κτίζειν, a differenza di ποιεῖν, si riferisce alla decisione di Dio

---

45 W.H. SCHMIDT, *bara'*, in E. JENNI-C. WESTERMANN, *DTAT*, vol. I, Torino 1978, col. 294.

46 G.J. BOTTERWECK, *bara'*, in G.J. BOTTERWECK-H. RINGGREN, *GLAT*, vol. I, Brescia 1988, col. 1573.

47 W. FOERSTER, κτίζω, in G. KITTEL-G. FRIEDRICH, *GLNT*, vol. V, Brescia 1967, col. 1302.

precedente la creazione ma che fonda la creazione stessa, ossia la facoltà volitiva di Dio precedente all'azione fattiva di Dio sul creato:

> Quando si fonda (κτί ζεται) una città per soddisfare la smisurata ambizione o di un qualche governante, che pretende di esercitare un potere assoluto.[48]

L'autore dell'*A Diogneto*, quindi, impiega ἐποί ησε per rilevare l'azione effettiva di Dio che viene resa concreta nell'attività creatrice, mediante la quale Dio organizza la materia. Anche in 3,4 l'autore dell'*A Diogneto* adopera la voce verbale ποιήσας per affermare che Dio crea la materia e ne imprime al contempo la forma, producendo gli esseri infraumani: "*Infatti, Colui che ha fatto (ὁ ποιήσας) il cielo e la terra e tutto quanto contengono (...)*".[49] Allo stesso modo l'apologista Taziano mette in rilievo che la materia è stata prodotta da Dio e che il mondo è stato fatto con la materia prodotta da Dio:

> è (possibile) vedere che ogni ordinamento del cosmo e tutta la creazione (ποί ησιν) prende origine dalla materia e la stessa materia è creata da Dio.[50]

---

[48] FILONE, *La costruzione del mondo* 17. Ed. crit. R. ARNALDEZ, vol. I, Paris 1961, p. 152. Trad. di R. RADICE-G. REALE-C.K. REGGIANI-C. MAZARELLI, *Filone di Alessandria. Tutti i trattati del commentario allegorico alla bibbia*, Milano 1994, p. 13.

[49] Ed. crit. F. XAVER FUNK-K. BIHLMEYER-M. WHITTAKER, *Die Apostolischen Väter. Griechisch-deutsche Parallelausgabe*, p. 310. Trad. di E. NORELLI, *A Diogneto*, p. 84.

[50] TAZIANO, *Contro i greci* 12,1. Ed. crit. M. MARCOVICH, *Tatiani. Oratio ad Graecos. Theophili Antiocheni. Ad Autolycum*, p. 27. Trad. di C. BURINI, *Gli apologeti greci*, p. 197.

A partire da tale ottica l'apologista Taziano rifiuta l'idea platonica dell'esistenza di una materia eterna: infatti per Platone il sostantivo ποιητής denota il movimento di colui che imprime forma alla materia preesistente, come l'artigiano che fa la statua dando forma al materiale su cui sta lavorando:

> Il Fattore (ποιητής) e il Padre di questo universo è molto difficile trovarlo e, trovatolo, è impossibile parlarne a tutti. (...) 30A (...). Infatti, Dio, volendo che tutte le cose fossero buone, e che nulla, nella misura del possibile, fosse cattivo, prendendo quanto era visibile e che non stava in quiete, ma si muoveva confusamente e disordinatamente, lo portò dal disordine all'ordine, giudicando questo totalmente migliore di quello.[51]

Anche Teofilo, sulla linea di Taziano, mostra che Dio non può essere creatore di tutte le cose se la materia è ingenerata perché, se così fosse, la materia sarebbe uguale a Dio. Platone comprometterebbe, in tal senso, la creazione della materia da parte di Dio: *"Quale meraviglia se Dio avesse creato (ἐποίει) il cosmo da una materia che già esisteva?".*[52]

Molto probabilmente anche per l'autore dell'*A Diogneto*, come per Taziano e Teofilo, il verbo ποιεῖν

---

51 PLATONE, *Timeo* 28c.30A. Ed. crit. A. RIVAUD, *Platon. Oeuvres complètes. Timée, Critias*, t. 10, p. 141. Trad. di G. REALE, *Platone. Tutti gli scritti*, Milano, pp. 1361;1362.
52 TEOFILO DI ANTIOCHIA, *ad Autolico* 2,4. Ed. crit. M. MARCOVICH, *Tatiani. Oratio ad Graecos. Theophili Antiocheni. Ad Autolycum*, p. 42 Trad. di C. BURINI, *Gli apologeti greci*, p. 383.

acquista un significato creativo, perchè denota l'attività di Dio che crea la materia, producendo in tal modo le creature e dando a ognuno di essi una forma prestabilita. L'attività di Dio non parte, come per Platone, dalla materia preesistente, ma Dio ha creato la materia fin dall'inizio dei tempi e le ha dato una propria forma, organizzando in tal modo la vita sulla terra. Quindi l'autore dell'*A Diogneto*, in 10,2, esprime con la voce verbale ἐποίησε implicitamente l'azione creatrice di Dio che crea la materia, la quale non è eterna come per Platone, e al contempo la ordina, formando il mondo. La creazione dal nulla viene esplicitata per primo da Erma: "*Prima di tutto credi che vi è un solo Dio il quale ha creato (ποιήσας) tutte le cose e le ha odinate dal non essere all'essere*".[53] Anche Teofilo, adoperando il verbo ἐποίησε, conferma che Dio fa tutto quanto è nel mondo a partire dal nulla, significando in tal modo, come nell'*A Diogneto*, che l'atto creativo non procede dalla materia eterna: "*Dio creò (ἐποίησεν) ogni cosa dal nulla*".[54]

---

53 ERMA, *Pastore, Precetti* 1. Ed. crit. F. XAVER FUNK-K. BIHLMEYER-M. WHITTAKER, *Die Apostolischen Väter. Griechisch-deutsche Parallelausgabe*, p. 376. Trad. di A. QUACQUARELLI, *I Padri apostolici*, p. 267.
54 TEOFILO di Antiochia, *ad Autolico* 2,10. Ed. crit. M. MARCOVICH, *Tatiani Oratio, ad Graecos. Theophili Antiocheni, ad Autolycum*, Berlin-New-York 1995, p. 53. Trad. di C. BURINI, *Gli apologeti greci*, Roma 1986, p. 391.

2.3. "AI QUALI (UOMINI) SOTTOMISE TUTTO QUANTO È SULLA TERRA"
(οἷς ὑπέταξε πάντα τὰ ἐν τῇ γῇ)

2.3.1. Gerarchia degli esseri

L'autore dell'*A Diogneto*, nel contesto della creazione relativo al secondo *komma* di 10,2, introduce il motivo della gerarchia degli esseri, per cui Dio crea tutti gli esseri viventi o non viventi secondo un ordine crescente di dignità fino all'uomo, al quale tutto è sottomesso. In 10,2 il motivo viene presentato come conseguente all'azione creatrice di Dio e alla visione antropocentrica del mondo, similmente al *Pastore* di Erma:

> Egli non creò il mondo (κόσμον) per l'uomo e tutta la sua creazione sottomise (ὑπέταξε) all'uomo dandogli il potere di dominare ogni cosa che è sotto il cielo?.[55]

Anche in 7,2 l'autore dell'*A Diogneto* pone il motivo della sottomissione come conseguente all'atto creativo di Dio mediato dal Verbo, al quale tutte le cose sono sottomesse:

> Lui (Verbo), dal quale ogni cosa è stata ordinata, delimitata e sottomessa (ὑποτέτακται), i cieli e quanto si trova nei cieli, la terra e quanto si trova sulla terra, il

---

55 ERMA, *Pastore, precetti* 12,4. Ed. crit. F. XAVER FUNK-K. BIHLMEYER-M. WHITTAKER, *Die Apostolischen Väter. Griechisch-deutsche Parallelausgabe*, p. 420. Trad. di A. QUACQUARELLI, *I Padri apostolici*, Roma 1976, p. 288.

> mare e quanto si trova nel mare, il fuoco,
> l'aria, l'abisso (...).[56]

Tutte le cose sono assoggettate al Verbo perchè le ha create; tutti gli esseri viventi, compreso l'uomo, sono a Lui sottomessi perchè sono sue creature, ma, a differenza degli animali, l'uomo è stato creato a immagine di Dio. Nel contesto creazionale l'autore dell'*A Diogneto*, mediante il concetto della sottomissione dell'uomo a Dio, riprende il significato biblico dell'immagine dall'autore della Genesi, per il quale l'uomo è posto da Dio in un'amicizia intima col creatore e per questo motivo Dio ha dato in suo potere tutte le cose, gli ha affidato il creato perchè lo governasse:

> Facciamo l'uomo a nostra immagine, a
> nostra somiglianza, e domini sui pesci del
> mare e sugli uccelli del cielo, sul bestiame,
> su tutte le bestie selvatiche e su tutti i rettili
> che strisciano sulla terra (1,26).

In linea con la dottrina genesiaca l'autore dell'*A Diogneto* afferma indirettamente che l'uomo, in virtù di questo speciale rapporto con Dio, è luogotenente di Dio sulla terra, è re del creato perchè è il rappresentante di Dio sulla terra. In particolare l'autore del Salmo, nel suo inno, impiega la voce verbale ὑπέταξας per indicare, come nell'*A Diogneto*, la regalità dell'uomo, regalità che si traduce nella potestà di dominio che Dio gli ha affidato su tutte le cose e

---

[56] Ed. crit. F. XAVER FUNK-K. BIHLMEYER-M. WHITTAKER, *Die Apostolischen Väter. Griechisch-deutsche Parallelausgabe*, p. 314. Trad. di E. NORELLI, *A Diogneto*, p. 101.

sugli animali: "*A lui hai dato potere sulle opere delle tue mani; tutto hai posto sotto* (ὑπέταξας) *i suoi piedi*" (8,7).[57] Dio ha dato all'uomo il privilegio di dominare su tutte le cose, perchè è il vicario di Dio sulla terra.

Quindi nell'*A Diogneto*, come nella Genesi, alla creazione del mondo in funzione dell'uomo segue, al secondo *komma*, la piena dignità regale dell'uomo, dignità che viene resa esplicita nella sottomissione di ciò che è stato creato da Dio.

L'autore dell'*A Diogneto* fa intendere che l'uomo è superiore alle cose e agli animali perchè riconosce che esse sono state create da Dio e quindi a Lui sottomesse. L'uomo è vicario di Dio sulla terra se riconosce le cose come create da Dio, non identificate con Dio. Pertanto l'autore dell'*A Diogneto*, in 3,4, sottolinea che tutto quanto è sulla terra è creato da Dio per necessità dell'uomo, perchè l'uomo lo utilizzi al suo fine e non per restituirlo a Dio che non ne ha bisogno:

> Infatti, Colui che ha fatto il cielo e la terra e tutto quanto contengono, e che a noi tutti elargisce ciò di cui abbiamo bisogno, non avrà bisogno da parte sua di quei beni che egli stesso fornisce a coloro che credono di darglierli.[58]

Per il fatto che Dio ha creato tutte le cose e le ha create per l'uomo perchè Egli stesso non ne ha

---

57 A. RAHLFS, *Septuaginta. Id est vetus testamentum graece iuxta LXX interpretes*, vol. 2, Stuttgart 1950, p. 6.
58 Ed. crit. F. XAVER FUNK-K. BIHLMEYER-M. WHITTAKER, *Die Apostolischen Väter. Griechisch-deutsche Parallelausgabe*, p. 310. Trad. di E. NORELLI, *A Diogneto*, p. 84.

bisogno, ne consegue logicamente che tutto è sottomesso all'uomo per volontà di Dio, in quanto Dio ha affidato tutto all'uomo. Per tale motivo nell'*A Diogneto* l'uomo è a capo di tutti gli esseri creati da Dio, perchè a lui subordinati.

2.3.2. *A vantaggio dell'uomo*

L'autore dell'*A Diogneto* in 10,2 introduce, mediante il dativo οἷς, il concetto della sottomissione di tutte le cose all'uomo. Il concetto viene ben rilevato dall'autore in 4,3 a proposito della polemica antigiudaica riguardo alla superstizione (δεισιδαιμονία) sabbatica, secondo la quale i Giudei osservavano in maniera scrupolosa i precetti sabbatici al fine di onorare il sabato, consacrato da Dio come giorno di riposo, ergendolo quindi erroneamente a valore assoluto rispetto all'uomo: *"E calunniare Dio accusandolo di proibire che si compia una buona azione il giorno di sabato, non è forse un'empietà?"*.[59] L'autore dell'*A Diogneto* è in polemica con i giudei riguardo al sabato che, benchè istituito da Dio, non può prevalere sulla volontà di colui che vuole operare del bene, ma, viceversa, l'uomo può operare del bene anche nel giorno di riposo. In 4,1, quindi, il termine δεισιδαιμονία assume valore negativo perchè indica, come in Origene, l'osservanza di regole morali che, nel giorno di sabato, esprimono una forte rilevanza di ordine formale, per cui il giudeo si mostra

---

59 Ed. crit. F. XAVER FUNK-K. BIHLMEYER-M. WHITTAKER, *Die Apostolischen Väter. Griechisch-deutsche Parallelausgabe*, p. 310. Trad. di E. NORELLI, *A Diogneto*, p. 86.

eccessivamente attaccato alla lettera dei precetti:

> Quelli che, grazie all'insegnamento di Gesù Cristo, hanno abbandonato tutte le immagini e le statue, nonché tutta la superstizione (δεισιδαιμονία) giudaica, e che grazie al Verbo di Dio levano lo sguardo al solo Dio, padre del Verbo.[60]

Il giudeo, quindi, per l'autore dell'*A Diogneto*, scrupoloso nell'osservare il precetto sabbatico, è costretto a sottomettersi alla osservanza delle prescrizioni sabbatiche per santificare il sabato, perchè solo esso era ritenuto santo per volontà divina come afferma l'autore del Libro dell'Esodo: "*Perciò il Signore ha benedetto il giorno di sabato e lo ha dichiarato sacro*" (20,11). Pertanto il giudeo doveva compiere certe cose e altre no perchè così era prescritto nella casistica giudaica, come riporta il cronista nel Libro di Neemia:

> Non appena le porte di Gerusalemme cominciarono a essere nell'ombra della sera, prima del sabato, io ordinai che le porte fossero chiuse e che non si riaprissero fin dopo il sabato; collocai alcuni miei servi alle porte, perchè nessun carico entrasse in città durante il sabato (13,19-22).

Tale scrupolosità gli deriva dal fatto che, altrimenti, il giudeo sarebbe espulso dalla comunità giudaica, come riporta Loisy:

---

60 ORIGENE, *Contro Celso* VII,41,15-18. Ed. crit. M. BORRET, *Origène. Contre Celse*, t. IV, Paris 1969, p. 108. Trad. di A. COLONNA, *Contro Celso di Origene*, Torino 1971, p. 623.

Santificare il sabato significa astenersi dal lavorare; se si lavorasse, si profanerebbe, si contaminerebbe, si violerebbe il sabato.[61]

Pertanto in *A Diogneto* 4,2 la superstizione giudaica è oggetto di polemica per il fatto che, come le cose sono state create da Dio per l'uomo, così il sabato è stato creato da Dio in funzione dell'uomo: *"Dio infatti ha creato le cose perchè gli uomini ne usassero"*.[62]

L'autore dell'*A Diogneto* si pone sulla linea della tradizione neo-testamentaria, dove appunto Gesù fa del bene nel giorno di sabato perchè non si sottomette alla legalistica istituzione divina del riposo sabbatico:

> Il sabato è stato fatto per l'uomo e non l'uomo per il sabato! Perciò il Figlio dell'uomo è signore anche del sabato" (Mc 2,27).

Gesù non abolisce il precetto sabbatico perchè è stato istituito da Dio, ma lo completa, manifestando nuovamente l'originaria volontà del Padre che è stata ottenebrata, durante i secoli, dalla pratica rigorosamente minuziosa dei giudei: Dio aveva reso sacro il sabato perchè l'uomo si prostrasse a Dio e non ai precetti. Come Gesù antepone la dignità dell'uomo all'osservanza sabbatica, così l'uomo non deve assoggettarsi al sabato perchè esso, benchè sia realtà istituita da Dio, non ha valore assoluto, quindi non è il fine ma il mezzo attraverso cui l'uomo fiduciosamente si sottopone a Dio adorandolo. Conseguentemente,

---

61 A. LOISY, *La religione di Israele*, Milano 1945, p. 88.
62 Ed. crit. F. XAVER FUNK-K. BIHLMEYER-M. WHITTAKER, *Die Apostolischen Väter. Griechisch-deutsche Parallelausgabe*, p. 310. Trad. di E. NORELLI, *A Diogneto*, p. 86.

sempre in 4,2, l'autore dell'*A Diogneto* afferma che, se tutto è stato creato per l'uomo, tutte le cose sono a lui utili e non esiste, come per i giudei, discriminazione tra le cose buone o inutili che si devono compiere o non compiere nel giorno di sabato perchè tutte le cose, in quanto create, rispecchiano la bontà del creatore: *"Come dunque può essere lecito accettarne alcune come create bene e respingerne altre come inutili e superflue?"*.[63] In sintonia con l'*A Diogneto*, anche l'apologista Giustino afferma che tutte le cose sono create buone da Dio, affinchè l'uomo se ne serva per il bene della creazione stessa:

> Dio, che ha creato l'universo e ha subordinato agli uomini le cose terrene e ha ordinato gli elementi del cielo per la crescita dei frutti e l'avvicendamento delle stagioni e ha stabilito su di essi una legge divina – ed è chiaro che ha fatto tutto ciò per gli uomini.[64]

Concludendo, quindi, l'autore dell'*A Diogneto* spiega, in 4,2, la visione antropocentrica della creazione del secondo *komma* di 10,2, mostrando in tal modo come lo spirito legalistico della superstizione giudaica fosse agli antipodi di una tale visione, per la quale *"il sabato è stato fatto per l'uomo e non l'uomo per il sabato"* (Mc 2,27). All'uomo, dotato di sensibilità e di ragione, spetta la superiorità su tutte le cose e quindi anche sul sabato che Perrini reputa un *"mezzo, al quale l'uomo, per cui il sabato è stato*

---

63 *Ibidem*

64 GIUSTINO, *Apologia* II,5,2. Ed. crit. M. MARCOVICH, *Iustini martyris. Apologiae pro christianis*, p. 143. Trad. di A.R. RACCONE, *S. Giustino, Le due apologie*, p. 139.

voluto, non può essere assoggettato in modo servile".[65]
Alla legalistica superstizione giudaica, l'autore dell'*A Diogneto* contrappone la dignità dell'uomo che usa per il suo bene e per il bene di tutto il creato tutto ciò che è nel mondo, in vista della glorificazione finale.

2.3.3. Universale sottomissione

Anche nel contesto della polemica antiidolatrica, l'autore dell'*A Diogneto* ci informa che i pagani venerano come dei gli oggetti da loro stessi costruiti, sottomettendo in tal modo se stessi a dei semplici oggetti: *"Questa roba chiamate dei, questa roba servite, questa roba adorate, col risultato che diventate anche voi come loro"* (2,5).[66] L'anonimo autore fa comprendere a Diogneto che il culto idolatrico è un culto falso per tre motivi. L'autore dell'*A Diogneto* afferma in 2,3 che gli idoli fatti di materiale corruttibile sono stati costruiti dall'uomo e, in quanto frutto del lavoro umano, l'uomo non può adorarli perchè ciò equivarrebbe a sottomettere l'uomo agli oggetti costruiti da se stesso:

> Non sono tutti di materia corruttibile? Modellati dal ferro e dal fuoco? Non è forse vero che l'uno ha ricevuto la forma da uno scultore, l'altro da un fonditore, l'altro da un orafo, l'altro da un vasaio?.[67]

---

[65] M. PERRINI, *A Diogneto*, Brescia 1985, p. 16.
[66] Ed. crit. F. XAVER FUNK-K. BIHLMEYER-M. WHITTAKER, *Die Apostolischen Väter. Griechisch-deutsche Parallelausgabe*, p. 308. Trad. di E. NORELLI, *A Diogneto*, p. 80.
[67] Ed. crit. F. XAVER FUNK-K. BIHLMEYER-M. WHITTAKER, *Die*

Tale motivo polemico si ritrova nel Libro della Sapienza dove appunto viene messa in evidenza la vergogna di colui che fabbrica l'oggetto e gli attribuisce onori, sottomettendo ad esso non solo se stesso ma lo stesso Dio che, invece, è infinitamente trascendente: *"Eppure quando prega per i suoi beni, per le sue nozze e per i figli, non si vergogna di parlare a quell'oggetto inanimato (...)"* (13,17). A ragione anche Mara considera il culto idolatrico, sulla falsariga dei testi antico-testamentari, *"un processo di estraniazione"*[68] dell'uomo da se stesso, dove appunto l'uomo si degrada a semplice oggetto, collocando il frutto del suo lavoro al di sopra di sé. L'autore in 3,4 ribadisce a Diogneto che il motivo di tale degradazione è dovuto al mancato riconoscimento, da parte dell'uomo pagano, della realtà creaturale che Dio ha affidato all'uomo: *"Infatti, Colui che ha fatto il cielo e la terra e tutto quanto contengono (...)"*.[69] L'autore dell'*A Diogneto*, quindi, ravvisa che la causa dell'idolatria sta nel fatto che i pagani non riconoscono Dio come un essere trascendente le cose che ha creato, bensì identificano Dio con le cose create assoggettandosi a esse, come del resto rileva in maniera chiara Perrini:

Strettamente congiunto alla lotta contro

Apostolischen Väter. Griechisch-deutsche Parallelausgabe, p. 308. Trad. di E. NORELLI, *A Diogneto*, p. 79.

68 M.G. MARA, *Osservazioni lessicali sull'Ad Diognetum*, in "SMSR" 35 (1964), p. 272.

69 Ed. crit. F. XAVER FUNK-K. BIHLMEYER-M. WHITTAKER, *Die Apostolischen Väter. Griechisch-deutsche Parallelausgabe*, p. 310. Trad. di E. NORELLI, *A Diogneto*, p. 84.

l'idolatria è il riconoscimento che Dio è creatore del mondo e di tutto ciò che esso contiene. Nel momento in cui l'uomo comprende che l'Assoluto è unico e trascendente e non può essere nulla di ciò che è nel mondo, egli esce dalla schiavitù degli idoli: ha finalmente accesso alla libertà.[70]

Pertanto il pagano, secondo il pensiero dell'autore dell'*A Diogneto*, non riconoscendo Dio come creatore degli oggetti, ammette la divinizzazione delle cose, alle quali si sottomette perchè a lui stesso superiori. La divinizzazione della materia è conseguenza di un mancato riconoscimento di Dio creatore di quegli stessi oggetti che il pagano reputa divini. Teofilo di Antiochia, sulla stessa linea dell'*A Diogneto*, muove critica al culto idolatrico dei pagani che non considerano gli idoli inferiori a se stessi perchè da loro modellati:

> Quando invece sono comperati da qualcuno e vengono posti in un cosiddetto tempio o in una casa, non solo coloro che li hanno comprati fanno sacrifici in loro onore, ma anche coloro che li hanno costruiti e che li hanno venduti vanno con zelo e con un apparato di sacrifici e di libagioni ad adorarli e li ritengono dei, non sapendo che sono tali e quali a quando furono modellati da loro: pietra, o bronzo, o legno, o colore, o qualche

---

70 M. PERRINI, *A Diogneto*, p. 64.

altro materiale.[71]

Gli idoli, in 2,7, vengono ritenuti, dall'autore dell'*A Diogneto*, degni di attenzione in base al materiale con cui sono stati costruiti per adorarli, e, in ragione della qualità del materiale con cui sono fatti, sono sottomessi alle dovute cautele dell'uomo:

> Ma voi, che tali li credete e li reputate al presente, non li disprezzate forse ben più dei cristiani? Non mostrate forse di irriderli e insultarli molto di più, adorando gli idoli di pietra e di terracotta senza preoccuparvi di custodirli, mentre quelli di argento e di oro di notte li mettete sotto chiave e di giorno ci piazzate accanto dei guardiani, per evitare che siano rubati?.[72]

L'anonimo autore fa comprendere a Diogneto che il disprezzo degli idoli, da parte del pagano, fatti di terracotta è la conseguenza del fatto che l'uomo è superiore ad essi che li reputa come tali, e, in forza della materia con cui sono stati costruiti, sono oggetto di degna o falsa reputazione da parte dell'uomo che, in quanto tali, li considera a lui sottomessi.

L'autore dell'*A Diogneto* afferma che gli idoli vengono adorati dai pagani con i sacrifici cruenti perchè sono insensibili. La insensibilità degli idoli viene messa in evidenza dall'autore dell'*A Diogneto* in 2,9 mediante

---

71 TEOFILO di Antiochia, *ad Autolico* 2,2. Ed. crit. M. MARCOVICH, *Tatiani. Oratio ad Graecos. Theophili Antiocheni. Ad Autolycum*, p. 38. Trad. di C. BURINI, *Gli apologeti greci*, p. 380.
72 Ed. crit. F. XAVER FUNK-K. BIHLMEYER-M. WHITTAKER, *Die Apostolischen Väter. Griechisch-deutsche Parallelausgabe*, p. 308. Trad. di E. NORELLI, *A Diogneto*, Milano 1991, p. 80.

l'introduzione dei sacrifici cruenti che non potevano, invece, essere sopportati dagli uomini dotati di sensibilità (αἴσθησις) e ragione (λογισμός):

> Provi uno di voi a sopportare questi onori, a tollerare che gli venga applicato questo trattamento. Di certo non ci sarà un solo uomo che tolleri volentieri questo supplizio, dato che ha sensibilità (αἴσθησιν) e raziocinio (λογισμόν).[73]

L'autore dell'*A Diogneto* dimostra che gli idoli, perchè insensibili, possono sopportare le pratiche cruente offerte in loro onore, e, in quanto tali, sono dunque sottomessi all'uomo. Infatti l'uomo, dotato di sensibilità e di ragione, non potrebbe sopportare gli olocausti e il grasso degli animali sacrificati che ledono la sensibilità comune, come avverte anche Clemente Alessandrino: "*Se li offendono in quanto privi di senso* (ἀναισθήτους), *perchè poi, li adorano come dei?*".[74] Gli oggetti, per l'autore dell'*A Diogneto*, sono frutto del lavoro umano e l'uomo non può assoggettarsi ad essi, perchè ciò equivarrebbe a identificare l'uomo con l'insensibilità e la sordità degli idoli. Per questa ragione l'uomo non può sottomettere la propria volontà a dei semplici oggetti divinizzati. Poichè dotato di sensibilità e di ragione, l'uomo, per l'autore dell'*A Diogneto,* non può sottomettersi ad adorare gli idoli con i sacrifici cruenti; quindi all'uomo

---

73 *Ibidem*

74 CLEMENTE ALESSANDRINO, *Protreptico* 4,50,5. Ed. crit. C. MONDÉSERT-A. PLASSART, *Clément d'Alexandrie. Le Protreptique*, p. 112. Trad. di F. MIGLIORE, *Clemente Alessandrino. Protrettico ai greci*, p. 119.

sono subordinati gli idoli che possono sopportare un simile oltraggio.

2.4. "AI QUALI (UOMINI) DETTE LA RAGIONE"
(οἷς λόγον ἔδωκεν)

2.4.1. *La ragione umana*

L'autore dell'*A Diogneto*, nel terzo *komma* di 10,2, afferma che Dio ha dato all'uomo la ragione (λόγον). Fin dall'antichità greca il *logos* è la ragione, mediante la quale l'uomo esprime il proprio pensiero. In quanto espressione del pensiero, il logos è, quindi, la ragione discorsiva, a differenza del *nous* che invece è la facoltà intuitiva propria dell'intelletto. Il logos per Platone non è solamente l'attività razionale, mediante la quale l'uomo determina il concetto, ma è anche l'espressione verbale del pensiero, è il pensiero che si esteriorizza nella parola, parola che assume il significato di ragione perchè è funzione attiva del pensiero:

> Pensiero e discorso sono la stessa cosa, tranne che l'uno è un dialogo interno dell'anima con se stessa, che avviene senza voce, ed è proprio questo che noi abbiamo denominato pensiero. (...). Invece, il flusso che deriva dall'anima attraverso la bocca scorrendo insieme con la voce si chiama discorso (λόγος).[75]

Anche Aristotele aveva compreso che il logos è la parola enunciata in quanto espressione linguistica della elaborazione concettuale:

---

75 PLATONE, *Sofista* 263e. Ed. crit. A DIÈS, *Platon. Oeuvres complètes. Le Sophiste*, t. 8, Paris 1963, p. 383. Trad. di G. REALE, *Platone. Tutti gli scritti*, p. 306.

Il discorso è voce capace di significare, della quale qualcuna delle parti presa separatamente è capace di significare, come locuzione ma non come affermazione.[76]

In particolar modo gli stoici concepirono il logos nel suo duplice significato di ἐνδιάθετος e di προφορικός, intendendo in tal modo che l'enunciazione della parola (λόγος προφορικός) è l'espressione della formulazione concettuale che si svolge nell'interiorità dell'uomo (λόγος ἐνδιάθετος): "*Veniamo al discorso (λόγον): questo è interiore (ἐνδιάθετος) oppure proferito (προφορικός)*".[77] Sulla falsariga della dottrina stoica il giudeo-alessandrino Filone mette bene in evidenza la differenza tra il λόγος ἐνδιάθετος e il λόγος προφορικός, affermando che il λόγος ἐνδιάθετος è la fonte del λόγος προφορικός:

> Nell'uomo vi è il λογος interiore (ἐνδιάθετος), tale che è la sorgente della parola proferita (λόγος προφορικός) che è generata partendo da quella: (...), la ragione viene esternata con la lingua, con la bocca e con tutti gli altri organi vocali.[78]

---

76 ARISTOTELE, *Dell'interpretazione* 4,25-28. Ed. crit. L. MINIO PALUELLO, *Aristotelis, Categoriae et liber de interpretatione*, Oxonii 1956, p. 51. Trad. di M. ZANATTA, *Organon di Aristotele*, vol. I, Torino 1996, p. 225.

77 Vedi SESTO EMPIRICO, *Istituzioni Pirroniane* 1,65. Ed. crit. R.G. BURY, *Sextus Empiricus. Outlines of Pyrrhonism*, London-Cambridge 1961, p. 38.

78 FILONE, *De vita Mosis* 2,129. Ed. crit. R. ARNALDEZ-C. MONDÉSERT-J. POUILLOUX-P. SAVINEL, *Philon d'Alexandrie. De*

L'autore dell'*A Diogneto*, contemporaneo di Filone, implicitamente in 10,2 riferisce il termine logos sia alla ragione in sé, intesa come l'attività logica che, come sostiene Ireneo, procede dalla meditazione (ἐνθύμησις), sia alla parola, attraverso la quale si rende esplicita la facoltà razionale:

> Non capite che dall'intelligenza (ἐνθύμησι) deriva il pensiero, dal pensiero l'intenzione e dall'intenzione il logos (ma quale logos? Perchè altro è il logos come lo intendono i Greci, che è la facoltà principale che pensa, ed altro è l'organo per mezzo del quale si emette il logos)? Non capiscono che l'uomo ora riposa e tace, ora parla ed agisce.[79]

In 2,9 a proposito della polemica antiidolatrica, dove appunto l'uomo ragionevole non sopporta la pratica dei sacrifici cruenti con cui i pagani rendono onore agli idoli, l'autore dell'*A Diogneto* adopera λογισμός per indicare la ragione pratica. Infatti Aristotele sosteneva che "*il genere umano vive, invece, anche di arte e di ragionamenti (λογισμοῖ ς)*".[80] Tale termine indica, quindi, anche per l'autore dell'*A Diogneto*, l'attività giudicatrice, mediante la quale l'uomo esprime realmente il rifiuto dei sacrifici cruenti:

---

vita Mosis, t. 22, Paris 1967, p. 248.
[79] IRENEO, *Contro le eresie* II,28,4. Ed. crit. A. ROUSSEAU-L. DOUTRELEAU, *Irénée de Lyon. Contre les hérésies*, Paris 1982, p. 280. Trad. di E. BELLINI, *Ireneo di Lione. Contro le eresie e gli altri scritti*, p. 189.
[80] ARISTOTELE, *Metafisica* I,980b. Ed. crit. W. JAEGER, *Aristotelis. Metaphisica*, Oxonii 1960, p. 1. Trad. di G. REALE, *Metafisica di Aristotele*, Milano 2004, p. 2.

Di certo non ci sarà un solo uomo che tolleri volentieri questo supplizio, dato che ha sensibilità e raziocinio (λογισμόν).[81]

In 3,3 l'autore dell'*A Diogneto* si serve della voce verbale λογιζόμενοι che, nella letteratura classica e in particolare in Platone, indica il pensiero che procede dalla comprensione logica di un oggetto:

> Ragionando (λογισάμενος), pertanto, trovò che delle cose che sono per natura visibili nessuna che nel suo compleso manchi di intelligenza avrebbe mai potuto essere più bella di un'altra che nel suo complesso abbia intelligenza; e che, d'altra parte, è impossibile che un'intelligenza si trovi in alcuna cosa senza un'anima.[82]

L'autore dell'*A Diogneto* riprende il significato classico di λογίζεσθαι che si riferisce al calcolo, all'attività logica del pensiero volta alla comprensione oggettiva della realtà che si rende effettiva nel λογισμός, ossia nell'attività pratica della ragione. Tale termine, in 3,3, è riferito all'ambito della polemica antigiudaica dove appunto i Giudei, mediante l'attività giudicatrice (λογιζόμενοι), dovrebbero considerare, secondo l'autore dell'*A Diogneto*, le pratiche sacrificali inutili quando sono rivolte a Dio perchè Dio non ne ha bisogno:

---

81 Ed. crit. F. XAVER FUNK-K. BIHLMEYER-M. WHITTAKER, *Die Apostolischen Väter. Griechisch-deutsche Parallelausgabe*, p. 308. Trad. di E. NORELLI, *A Diogneto*, p. 80.

82 PLATONE, *Timeo* 30b. Ed. crit. A. RIVAUD, *Platon. Timée, Critias*, t. 10, p. 143. Trad. di G. REALE, *Platone. Tutti gli scritti*, Milano, p. 1362.

> Questi altri (i giudei) dovrebbero considerare pazzia, e non devozione, il pensare di presentarle (λογιζόμενοι) a Dio come se ne avesse bisogno.[83]

Quindi in 3,3 il significato di *λογιζόμενοι*, che è in parallelo a quello di *λογισμός* citato in 2,9, spiega il significato di logos in 10,2 avvertito come l'attività razionale del pensiero. Dunque sia *λογιζόμενοι*, che in 3,3 indica il ragionamento, sia *λογισμόν* che in 2,9 indica il ragionamento pratico, ossia l'attività razionale del pensiero applicata alla vita, si ricollegano al senso classico di logos di 10,2, ovvero al significato di ragione filosofica come attività razionale del pensiero, perchè termini ad esso simili.

2.4.2. La ragione donata

Nella filosofia platonica il logos è l'attività razionale che scaturisce dal *νοῦς* (intelletto) mediante la quale l'uomo si rende simile a Dio:

> E mentre la scienza e la verità allo stesso modo che la luce e la vista è giusto ritenerle simili al sole, ma non ritenerle sole, così anche qui, considerarle simili al Bene ambedue è giusto, ma pensare che o l'una o l'altra siano il Bene non è giusto, perchè la condizione del Bene va giudicata ancora

---

[83] Ed. crit. F. XAVER FUNK-K. BIHLMEYER-M. WHITTAKER, *Die Apostolischen Väter. Griechisch-deutsche Parallelausgabe*, p. 310. Trad. di E. NORELLI, *A Diogneto*, p. 84.

maggiore.[84]

L'uomo, attraverso la sua facoltà razionale, può giungere alla somiglianza con Dio perchè l'intelletto (νοῦς) è congenere al mondo delle idee e, dunque, affine a Dio, come afferma Festugière:

> La suggeneia tra l'anima e l'idea è dunque una parentela di essenza. La ragione che raggiunge le cose eterne è, ella stessa, eterna e divina.[85]

Per Platone l'anima razionale, in quanto semidivina, è un *daimon* perchè è congenere al mondo delle idee e, cadendo nel corpo, recupera la propria somiglianza col mondo divino attraverso l'esercizio della razionalità spinta dal ricordo della precedente unione con Dio: "*fuga è rendersi simili a Dio secondo le proprie possibilità: e rendersi simili a Dio significa diventare giusti e santi, e insieme sapienti*".[86] L'uomo tende a divinizzarsi attraverso l'attività razionale che lo conduce a Dio perchè l'intelletto (νοῦς) è apparentato col mondo delle idee. Colui che vive la piena vita razionale sulla terra, come si esprime bene Pépin, si immortalizza:

> La συγγένεια designa uno stato di fatto, che è il destino di tutto l'uomo senza iniziativa da parte sua, nel mentre che segna

---

[84] PLATONE, *Repubblica* VI,509a. Ed. crit. E. CHAMBRY, *Platon. La République*, t. 7, Paris 1961, p. 138. Trad. di G. REALE, *Platone. Tutti gli scritti*, p. 1235.

[85] A.J. FESTUGIÈRE, *L'idéal religieux des Grecs et l'evangile*, Paris 1932, p. 50

[86] PLATONE, *Teeteto* 176b. Ed. crit. A. DIÈS, *Platon. Théétète*, t. 8, Paris 1963, p. 208. Trad. di G. REALE, *Platone. Tutti gli scritti*, p. 224.

un'azione da assumere.[87]

È la forza della ragione che conduce l'uomo al divino, come ribadisce Festugière: "*Si è passati con Platone dall'ordine del sentimento all'ordine della ragione, del necessario*".[88] Anche nel sistema stoico, secondo il pensiero di Robin, la ragione umana (logos) è affine al λόγος σπερματικός che, in quanto principio di ordine razionale e materiale, si identifica con il logos umano:

> Tutto quanto si può dire di Dio, come anima del mondo (λόγος σπερματικός) vale altresì per la nostra anima, soffio materiale di natura ignea, dotato di intelligenza.[89]

Il concetto della parentela dell'uomo con Dio nella sua parte razionale sviluppa, quindi, la dimensione della somiglianza della ragione umana (λόγος) con la Ragione divina (*Logos*) che, per l'autore dell'*A Diogneto*, come per Giustino, si identifica col Verbo. In 7,2 l'autore dell'*A Diogneto* identifica Cristo con il Logos che, in quanto ragione divina, ordina l'universo e crea l'uomo:

> l'artefice e l'ordinatore dell'universo, per mezzo del quale (Verbo) (Dio) ha creato i cieli, per mezzo del quale ha racchiuso il mare nei suoi confini.[90]

L'uomo, quindi, riflette in sé la Ragione divina

---

87 J. PÉPIN, *Idées grecques sur l'homme et sur Dieu*, Paris 1971, p. 9.

88 A.J. FESTUGIÈRE, *L'idéal religieux des Grecs et l'evangile*, p. 51.

89 L. ROBIN, *Storia del pensiero greco*, Torino 1978, p. 426.

90 Ed. crit. F. XAVER FUNK-K. BIHLMEYER-M. WHITTAKER, *Die Apostolischen Väter. Griechisch-deutsche Parallelausgabe*, p. 314. Trad. di E. NORELLI, *A Diogneto*, p. 101.

perché l'uomo è stato creato tramite il Verbo. In tal senso nell'*A Diogneto* la ragione umana partecipa della Ragione divina, perchè la ragione umana porta in sé l'orma del Logos divino.

In particolar modo Giustino sviluppa la teoria dei semi del Verbo, partendo dal pensiero stoico e rifacendosi alla dottrina del λόγος σπερματικός. Per Giustino, come per l'anonimo autore, la ragione umana è connaturale alla Ragione divina disseminata nel mondo, ma si tratta di una connaturalità partecipata perchè la ragione è un dono creaturale di Dio. La Ragione divina non si identifica con la ragione umana, bensì la ragione umana partecipa della Ragione divina, in quanto il Logos ha seminato negli uomini la ragione (logos), perchè è Lui stesso razionalità pura, così come afferma in modo chiaro l'apologista Giustino:

> Tutti gli scrittori, attraverso il seme innato del Logos, poterono oscuramente vedere la realtà. Ma una cosa è un seme e un'imitazione concessa per quanto è possibile, un'altra è la cosa in sé, di cui, per sua grazia, si hanno la partecipazione e l'imitazione.[91]

In *A Diogneto* 10,2 la ragione umana (logos) è una facoltà naturale che Dio dà all'uomo, è dono di Dio. La ragione, in quanto creata da Dio, non è uguale alla Ragione divina, ma partecipa per analogia al Logos divino. Pertanto nell'*A Diogneto* la ragione umana, in

---

91 GIUSTINO, *Apologia* 2,13,5. Ed. crit. M. MARCOVICH, *Iustini martyris. Apologiae pro christianis*, p.157. Trad. di A.R. RACCONE, *S. Giustino, Le due apologie*, p. 152.

quanto creata, è affine per analogia alla Ragione divina: con la facoltà di raziocinio l'uomo espleta la sua capacità di somigliare al Logos divino.

2.4.3. L'uomo beneficiario

Come nel capitolo precedente, nel terzo *komma* di 10,2, i destinatari sono gli uomini: Dio dà a loro la ragione (*logos*). Il *dativus commodi* sta a significare che l'interesse di Dio è rivolto agli uomini (οἷς), a vantaggio dei quali è compiuta l'azione divina. L'azione divina arricchisce l'uomo in quanto gli conferisce, a differenza degli animali, la facoltà razionale attraverso la quale l'uomo, come afferma Lattanzio, si allontana dai falsi pregiudizi e dalle vane opinioni:

> Perciò, soprattutto nelle questioni che si riferiscono alla condotta da tenere nella vita, ciascuno deve confidare in se stesso ed aver fiducia nel proprio giudizio e nella propria intelligenza, per quanto concerne la ricerca e la valutazione della verità, piuttosto che prestar fede agli altrui errori e lasciarsi ingannare, come se fosse privo di ragione (*rationis*).[92]

L'uomo, quindi, mediante la ragione può discernere il bene dal male e valutare, all'insegna della verità, gli errori che possono scaturire da un inadeguato uso della

---

92 LATTANZIO, *Divine istituzioni* 2,7,1. Ed. crit. P. MONAT, *Lactance. Institutions divines*, Paris 1987, p. 94. Trad. di U. BOELLA, *Lattanzio. Divinae Institutiones. De Opificio dei – De ira dei*, Firenze 1973, p. 141.

altrui facoltà razionale. A differenza degli animali che agiscono esclusivamente in forza del loro istinto, all'uomo invece è stata conferita la ragione mediante la quale egli stesso sviluppa le sue facoltà conoscitive e intuitive al fine di migliorare la propria condizione sociale, ideando nuovi provvedimenti e realizzandoli per il bene di se stesso e della società. Cicerone, in modo particolare, sosteneva che per la ragione l'uomo si diversifica dai bruti, mediante la quale l'uomo può esprimere il proprio pensiero e instaurare con gli altri un dialogo costruttivo e intelligente:

> La ragione (ratio) infatti, in virtù della quale noi siamo superiori alle bestie, e abbiamo il potere di congetturare, dimostrare, confutare, discutere, portare a termine un ragionamento e concluderlo, è certo comune a tutti, e uguale, nonostante la diversa educazione dell'ingegno, nella facoltà di apprendere.[93]

Analogamente a 10,2, dove l'autore dell'*A Diogneto* intende logos nel senso di ragione come attività discorsiva della mente che Dio ha dato all'uomo, Minucio Felice afferma che solamente l'uomo, in quanto dotato della ragione e della parola mediante la quale si rende esplicita l'attività razionale, è in grado di conoscere e percepire Dio nella bontà delle cose che Lui stesso ha creato perchè è l'artefice di tutte le cose: "*Attraverso la parola (sermo) e la ragione (ratio) noi riconosciamo, percepiamo e imitiamo Dio*".[94] L'uomo,

---

93 CICERONE, *Le leggi* I,10,30. Ed. crit. G. DE PLINVAL, *Cicéron. Traité des lois*, Paris 1959, p. 17. Trad. di A.R. BARRILE, *Marco Tullio Cicerone. Delle leggi*, Bologna 1972, p. 39.
94 MINUCIO FELICE, *Ottavio* 17,2. Ed. crit. B. KYTZLER, *Minucius*

mediante la ragione, intuisce che tutto è stato creato da Dio; percepisce che tutte le cose sono l'effetto della sua azione divina o meglio della sua parola creatrice e imita Dio perchè anche l'uomo attraverso la parola, che Dio gli ha conferito, rende manifesta l'efficacia della sua attività razionale, producendo nuovi mezzi sempre più all'avanguardia per portare a compimento l'opera creatrice di Dio. Pertanto in 10,2 la ragione è data da Dio in beneficio all'uomo perchè egli, intuendo la volontà di Dio, possa far fruttificare i beni che Dio ha posto nel mondo e renderli, mediante un'accurata riflessione razionale, utili a sé stesso per il suo bene e per il bene di tutto il creato.

Felix. Octavius, Leipzig 1982, p. 13.

2.5. "AI QUALI (UOMINI) DETTE L'INTELLETTO"
(οἷς νοῦν)

2.5.1. L'intelletto umano

L'autore dell'*A Diogneto*, nel quarto *komma* di 10,2, afferma che Dio ha dato all'uomo l'intelletto (νοῦν). Il *nous*, in quanto attività pensante, è in sé la facoltà intuitiva del comprendere, a differenza del logos che, in quanto attività razionale, è facoltà discorsiva. Secondo la definizione di Aristotele l'intelletto è di natura intelligibile perchè teso a cogliere gli elementi nella loro essenza, in quanto è intenzionalità apprensiva immediata: *"L'intelletto è esso stesso intelligibile come gli intelligibili"*.[95] Anche per Platone il nous è la parte più alta dell'anima volta a cogliere l'intelligibile in sé perchè di natura intelligibile e, in quanto puro pensiero, rappresenta la potenzialità principale dell'attività noetica:

> chi ama il sapere dev'essere per natura proteso verso l'essere, non perdendosi dietro alla molteplicità dei particolari che è oggetto di opinione, ma andandosene dritto per la sua via, senza tentennamenti, senza desistere dal suo amore, finché non abbia colto nella sua essenza l'essere di ciascun oggetto particolare con quella facoltà dell'anima che è destinata a comprendere una tale realtà; ed

---

[95] ARISTOTELE, *de anima* III,430a. Ed. crit. W.D. ROSS, *Aristotelis. De anima*, Oxonii 1959, p. 71.

è destinata a ciò perchè è della sua stessa natura. Ora, non credi che solo per mezzo di questa facoltà uno, accostandosi e fondendosi intimamente con l'essere che è veramente e generando intelligenza e verità, riuscirebbe a conoscere e quindi a vivere una vita autentica.[96]

Sulla falsariga del pensiero platonico anche Clemente Alessandrino afferma che l'intelletto (νοῦς) è superiore alla ragione perchè, essendo pura apprensione, è il principio di tutta l'attività intuitiva che si svolge all'interno dell'uomo: *"il pilota, il nous umano"*.[97] L'autore dell'*A Diogneto*, avvalendosi del termine nous che nella filosofia platonica ed aristotelica indica l'intuizione del pensiero procedente dall'anima intellettiva, sottolinea in 10,2, come del resto Ireneo, che l'intelletto è la facoltà intuitiva dell'uomo che Dio gli ha dato in quanto essere pensante: *"L'Intelletto (νοῦς) è la realtà originaria e suprema e per così dire il principio e la fonte di tutta la sapienza"*.[98]

---

96 PLATONE, *Respublica* VI,490b. Ed. crit. E. CHAMBRY, *Platon. La République*, t. 7, pp. 109-110. Trad. di G. REALE, *Platone. Tutti gli scritti*, p. 1218.
97 CLEMENTE ALESSANDRINO, *Pedagogo* II,2,28,3. Ed. crit. C. MONDÉSERT-H.I. MARROU, *Clément d'Alexandrie. Le Pédagogue*, p. 62.
98 IRENEO, *Contro le eresie* II,13,1. Ed. crit. A. ROUSSEAU-L. DOUTRELEAU, *Irénée de Lyon. Contre les hérésies*, Paris 1982, p. 108. Trad. di E. BELLINI, *Ireneo di Lione. Contro le eresie e gli altri scritti*, p. 146.

2.5.2. L'intelletto donato

Nel pensiero platonico l'intelletto (νοῦς), come sostiene Festugière, è congenere al mondo delle idee: "*Sia l'intelletto che l'Essere in sé sono della stessa famiglia, dello stesso genere*".[99] L'intelletto (νοῦς) è affine (συγγεν ής) al divino. L'uomo è orientato al divino perchè tra l'intelletto che è in noi e Dio vi è una parentela di ordine qualitativo. Per questo motivo secondo Platone, come ci suggerisce Festugière, il *nous* si "*ordina non agli oggetti sensibili ma all'Idea. L'uomo si introduce nel ghenos divino, non lo conduce Dio. L'uomo si fa dio*".[100] Il nous, quindi per Platone, è l'elemento divino (*daimon*) posto nell'uomo perchè tra questo e Dio, come precisa Des Places, vi è una "*parentela spirituale, in virtù della quale l'anima può avere dell'Idea una conoscenza intuitiva*".[101]

L'autore dell'*A Diogneto* intende il *nous* come l'intelletto che non è congenere a Dio, perchè è creato da Dio. Lo stesso significato lo si riscontra in Atenagora dove appunto, come in *A Diogneto* 10,2, il *nous*, in qualità di principio pensante, viene inteso in senso creazionistico: "*Dio fece l'uomo di anima immortale e di corpo ed ha stabilito in lui l'intelletto (νοῦν)*".[102] Quindi in 10,2 il *nous* ha il significato classico di intelletto, di mente come principio pensante

---

99 A.J. FESTUGIÈRE, *L'ideal religieux*, p. 48.
100 A.J. FESTUGIÈRE, *L'ideal religieux*, p. 48-52.
101 E. DES. PLACES, *Synghéneia*, Paris 1964, p. 64.
102 ATENAGORA, *Della resurrezione* 13,1. Ed. crit. B. POUDERON, *Athénagore. Supplique au sujet des chrétiens et sur la résurrection des morts*, Paris 1992, p. 264.

creata da Dio e posta nell'uomo come qualità di ordine intuitivo. L'autore dell'*A Diogneto* non sembra precisare col termine *nous*, come del resto sostiene Pellegrino, "*in senso origeniano la parte superiore dell'anima, che sussiste nella psyche decaduta, organo della contemplazione mistica*".[103] Il *nous* è semplicemente l'intelligenza come dono naturale, che Dio dà all'uomo.

In 9,6 l'autore dell'*A Diogneto* indica col termine νοῦν il Verbo: "*Volle che credessimo alla sua benevolenza, che lo considerassimo nutritore, padre, maestro, consigliere, medico, intelligenza (νοῦν)*".[104] Il Verbo, identificato col *nous*, indica in 9,6 la Mente divina che, insieme al Padre, ha predisposto il piano di salvezza. Analogamente Atenagora esprime con *nous* il Verbo che è Mente divina perchè è nel seno del Padre: "*Il Figlio è intelletto (nous), parola (logos), sapienza del Padre*".[105] Sebbene in 9,6 il *nous* venga riferito al Figlio, non è da escludere anche un possibile riferimento al Padre, data l'uguaglianza che intercorre tra i due: il Padre pensa il Figlio e il Figlio, in quanto pensiero pensato (logos), è anch'esso pensiero (*nous*) come affermerà Clemente Alessandrino: "*Dio (...) è nous, il Logos è il Figlio del nous che è il Padre*".[106]

---

103 M. PELLEGRINO, *Il topos*, p. 276.
104 Ed. crit. F. XAVER FUNK-K. BIHLMEYER-M. WHITTAKER, *Die Apostolischen Väter. Griechisch-deutsche Parallelausgabe*, p. 318. Trad. di E. NORELLI, *A Diogneto*, p. 114.
105 ATENAGORA, *Supplica dei cristiani* 24,2. Ed. crit. B. POUDERON, *Athénagore. Supplique au sujet des chrétiens et sur la résurrection des morts*, p. 162.
106 CLEMENTE ALESSANDRINO, *Stromati* IV,25,162,7-8. Ed. crit. O.

Alla luce di quanto abbiamo detto esiste un'analogia nell'*A Diogneto* tra l'intelletto umano e l'intelletto divino. L'intelletto umano partecipa dell'intelletto divino (Noun) come capacità insita nell'uomo a conoscere Dio. A differenza di Platone secondo cui tra l'intelletto umano e quello divino vi è una somiglianza ontologica, per l'autore dell'*A Diogneto* esiste tra i due intelletti una somiglianza di tipo analogico, perchè l'intelletto umano è creato e capace di Dio solo per volontà.

In 11,5 l'autore dell'*A Diogneto* designa col termine νοῦν l'intelligenza come dono della grazia che viene infuso nei fedeli:

> Questi è l'eterno, oggi riconosciuto Figlio,
> per mezzo del quale si arricchisce la chiesa,
> e la grazia, dispiegandosi, si moltiplica nei
> santi, conferendo intelligenza (νοῦν).[107]

In tale contesto νοῦν assume il significato di dono soprannaturale della grazia che conferisce all'uomo la sapienza, per mezzo della quale l'uomo può conoscere i misteri divini. La saggezza è uno dei frutti dello Spirito Santo che viene effuso nell'interiorità dell'uomo, perchè l'uomo possa comprendere senza errore il senso della Parola di Dio in tutta la sua pienezza, come Mara mette in rilievo:

> Anche quello che il vangelo dice dello
> Spirito Santo in Gv 14,26 è ripetuto, o

STÄHLIN-L. FRÜCHTEL, *Clemens Alexandrinus. Stromata I-VI*, Berlin 1960, p. 320.

[107] Ed. crit. F. XAVER FUNK-K. BIHLMEYER-M. WHITTAKER, *Die Apostolischen Väter. Griechisch-deutsche Parallelausgabe*, p. 320. Trad. di E. NORELLI, *A Diogneto*, p. 123.

meglio riecheggiato, a proposito della *grazia*.[108]

Roasenda avverte nel significato di nous l'operazione dello Spirito Santo secondo l'enumerazione tradizionale attinta da Is 11,2-3,[109] dove συν έσεως è sinonimo di νοῦν che, nella letteratura antico-testamentaria, è considerato sinonimo di σύνεσις per il fatto che questi "*sono usati in parallelismo in Pv 28,5*"[110]: "*Su di lui si poserà lo Spirito del Signore, spirito di sapienza e di intelligenza* (συν έσεως)". Lo spirito di intelligenza, come afferma anche Apollinare, vescovo di Gerapoli, illumina la mente dell'uomo che, in tal modo, può conoscere i segreti rivelati dal Verbo: "*La Sapienza che illumina l'intelletto* (νοῦν) *dell'uomo*".[111] In tal senso la mente umana, per l'autore dell'*A Diogneto*, partecipa della Mente divina del Verbo attraverso il dono della Sapienza perchè la mente umana da sola, senza l'illuminazione dello Spirito, non può giungere alla divinizzazione. Un simile pensiero lo si trova in Clemente Alessandrino con l'immagine del sole che illumina la mente umana:

neppure il sole potrà mai mostrare il vero volto di Dio, ma lo potrà mostrare il Logos salutare, che è il sole dell'anima, grazie al

---

108 M.G. MARA, *Osservazioni lessicali*, p. 278.

109 P. ROASENDA, *In epistulae ad Diognetum XI-XII capita adnotatio*, in "Aevum" 9 (1935), pp. 248-253.

110 J. BEHM, νοέω, in G. KITTEL-G. FRIEDRICH, *GLNT*, vol. VII, Brescia 1971, col. 1031.

111 APOLLINARE di Laodicea, *frammento* 70. Ed. crit. H. LIETZMANN, *Apollinaris von Laodicea und seine Schule*, vol. I, Tübingen 1904, p. 220.

> quale soltanto, quando sia sorto dentro di noi, nella profondità della mente *(νοῦ)*, s'illumina l'occhio dell'anima.[112]

Il *nous* umano partecipa del *nous* divino attraverso lo Spirito di intelligenza. Per l'autore dell'*A Diogneto*, quindi, l'intelletto umano partecipa per grazia dell'intelletto divino, perchè, in quanto creato, non è divino ma può assimilarsi a Dio attraverso la Sapienza divina (νοῦν) che l'uomo riceve in dono da Dio. La divinizzazione della mente, nell'*A Diogneto*, si ha attraverso la partecipazione dello Spirito di Sapienza che rende la mente umana simile all'intelletto divino.

Quindi, per l'autore dell'*A Diogneto*, l'intelletto umano è simile all'intelletto divino per partecipazione, come afferma anche Clemente Alessandrino:

> non si può assimilare mortale ad immortale, ma soltanto secondo spirito (*noun*) e ragione (*logismon*): e in ciò il Signore suggella convenientemente la somiglianza sia in rapporto al suo essere benefico, sia al suo essere potente.[113]

---

112 CLEMENTE ALESSANDRINO, *Protrettico* 6,68,4. Ed. crit. C. MONDÉSERT-A. PLASSART, *Clément d'Alexandrie. Le Protreptique*, p. 134. Trad. di F. MIGLIORE,*Clemente Alessandrino. Protrettico ai Greci*, p. 144.
113 CLEMENTE ALESSANDRINO, *Stromati* II,19,102,6. Ed. crit. O. STÄHLIN-L. FRÜCHTEL, *Clemens Alexandrinus. Stromata I-VI*, p. 169. Trad. di G. PINI, *Clemente Alessandrino. Stromati. Note di vera filosofia*, Milano 1985, p. 314.

2.5.3. L'uomo beneficiario

In 10,2 l'autore dell'*A Diogneto* dice chiaramente che agli uomini Dio ha dato l'intelletto ($νοῦν$). L'azione divina è finalizzata agli uomini che hanno avuto, rispetto agli animali, il dono dell'intelletto che è a vantaggio di tutto l'uomo. È bene chiarire che l'autore dell'*A Diogneto* non menziona il termine psiche (anima) come luogo nel quale Dio ha posto l'intelletto. A differenza di Filone il quale, invece, spiega direttamente che il nous è *"quella specie dell'anima che ha il massimo pregio, e che è stata chiamata intelletto e ragione"*[114] nella quale Dio ha posto esclusivamente l'intelletto, l'autore dell'*A Diogneto* vuole salvaguardare l'unità psicofisica dell'uomo per cui tutto l'essere umano è implicato nell'attività intellettiva. L'intelletto è una qualità che Dio ha posto esclusivamente nell'uomo inteso come totalità inscindibile di anima e di corpo; l'uomo, dunque, in tutto il suo essere ha ricevuto la facoltà di raziocinio, ha avuto il privilegio della riflessione precedente alla sua attività giudicatrice. Infatti la facoltà intellettiva è insita nell'uomo che, mediante il suo corpo, ovvero attraverso la propria esperienza personale, può esprimere e sviluppare le sue capacità intellettuali. In particolar modo Giustino afferma che alla base di un modesto pensiero vi è l'intelletto (noun) e la ragione (logon):

che Dio stesso, nelle parti e nel tutto, esiste

---

114 FILONE, *Il malvagio tende a sopraffare il buono* 83. Ed. crit. I. FEUER, *Les oeuvres de Philon d'Alexandrie. Quod deterius potiori insidiari soleat*, t. 5, Paris 1965, p. 71. Trad. di R. RADICE, *Filone. Tutti i trattati del commentario allegorico alla Bibbia*, Milano 1994, p. 305.

solo nella corruzione; oppure che male e bene sono concetti vani: ma questo va contro ogni assennato intelletto (*noun*), *ragione* (*logon*) *e spirito*.[115]

Grazie all'attività intellettuale, l'uomo può sviluppare un proprio pensiero per arricchire il patrimonio culturale degli altri che, a loro volta, impiegano la facoltà intuitiva per la ricerca scientifica che consente loro di analizzare i principi comuni del ragionamento. È in virtù dell'intelletto che l'uomo può ordinare e collegare tra loro i singoli concetti deducendo, in tal modo, un ragionamento organico e compiuto. L'intelletto è un beneficio per l'uomo perchè, come afferma Clemente Alessandrino, mediante esso l'uomo può intuire e, quindi, rappresentarsi il bello in sé:

> Se noi affermiamo che esiste un "giusto" e affermiamo che esiste un "bello" e, anche, se diciamo che esiste una "verità", di tali realtà non ne abbiamo però mai vista nessuna con gli occhi, ma solo con l'intelletto.[116]

In particolar modo Atenagora afferma che Dio ha dato all'uomo l'intelletto, perchè l'uomo possa discernere ciò che è intelligibile da ciò che non lo è e, in tal modo, possa anche comprendere la bontà, la

---

115 GIUSTINO, *Apologia* 2,7,9. Ed. crit. M. MARCOVICH, *Iustini martyris. Apologiae pro christianis*, p. 148. Trad. di A.R. RACCONE, *Giustino. Le due apologie*, p. 144.
116 CLEMENTE ALESSANDRINO, *Stromati* V,3,16,1. Ed. crit. A. LE BOULLUEC, *Clément d'Alexandrie. Les Stromates*, Paris 2006, p. 48. Trad. di G. PINI, *Clemente Alessandrino. Stromati. Note di vera filosofia*, p. 554.

bellezza e la saggezza di Dio. Attraverso la riflessione che è propria della facoltà intellettiva, l'uomo, scegliendo le cose buone che Dio ha creato, può risalire alla perfezione della causa prima:

> Se agli uomini è stata donata la mente (nous) e la ragione (logos) per il discernimento delle cose intelligibili, non solo delle creature, ma anche della bontà, della sapienza e della giustizia di colui che le ha donate, è necessario che - perdurando le cose a motivo delle quali fu donato il razionale discernimento - duri per sempre il discernimento stesso che fu dato per questi (motivi).[117]

Quindi nell'*A Diogneto* l'uomo è beneficiario dell'intelligenza in quanto questa non solo persiste come facoltà discernitiva perchè frutto dell'attività intellettuale dell'uomo, attraverso la quale l'uomo può comprendere la sostanza propria delle cose, ma anche come facoltà interpretativa, secondo la quale l'uomo coglie nella realtà delle cose l'armonia del creato che riflette in sé la bellezza, la saggezza e la bontà del Creatore.

---

117 ATENAGORA, *Dalla risurrezione* 15,5. Ed. crit. B. POUDERON, *Athénagore. Supplique au sujet des chrétiens et sur la résurrection des morts*, Paris 1992, pp. 274-276. Trad. di C. BURINI, *Gli apologeti greci*, p. 330.

2.6. "AI QUALI (UOMINI) SOLTANTO DIO CONCESSE DI GUARDARE IN ALTO VERSO SE STESSO"
(οἷς μόνοις ἄνω πρὸς αὐτὸν ὁρᾶν ἐπέτρεψεν)

2.6.1. *Lo sguardo*

L'autore dell'*A Diogneto* introduce nel quinto *komma* di 10,2 il motivo dello sguardo attraverso la voce verbale ὁρᾶν che, originariamente, designava *"l'azione di prendere cura, di fare attenzione"*.[118] Già in Democrito ὁρᾶν assume il senso di prendere coscienza delle cose mediante la facoltà percettiva della vista: *"Il mondo è una scena, la vita una rappresentazione: tu vieni, vedi (εἶ δες) e te ne vai"*.[119] Anche Omero aveva dato al verbo ὁρᾶν il significato di autocoinvolgimento cosciente da parte dell'uomo che, mediante la vista, partecipa della vita: *"Vivere è vedere la luce del sole"*.[120] Nell'antichità greca, quindi, il verbo oran, da cui proviene θεωρεῖν, viene ad assumere più che il senso fisico della vista, il senso conoscitivo della facoltà visiva secondo la quale l'uomo era volto a vedere con senso critico le meraviglie del creato; del resto anche Solone si era allontanato per dieci anni da Atene sotto il pretesto di

---

[118] A.J. FESTUGIÈRE, *Contemplation et vie contemplative selon Platon*, Paris 1936, p. 13.

[119] DEMOCRITO, *frammento* 115. Ed. crit. DIELS H. - KRANZ W., *Die Fragmente der Vorsokratiker*, vol. II, Zürich-Hildesheim 1990-92, p. 165.

[120] OMERO, *Odissea* 4,540. Ed. crit. A.T. MURRAY, *Homer. The Odyssey*, vol. I, Cambridge-London 1960, p. 146.

vedere il mondo.¹²¹ Per i greci, quindi, la vista non è, come negli animali, un organo naturale che funziona per istinto, bensì è lo strumento per cui l'uomo elabora le semplici sensazioni visive in percezioni intellettuali. In tal senso, come sostiene Platone, l'uomo, che osserva i fenomeni naturali attentamente, comprende che sono fugaci e che non costituiscono la vera realtà che è l'essere in sé:

> In primo luogo, qualcosa che sempre è, e che non nasce né perisce, non cresce né diminuisce, e inoltre non è da un lato bello e dall'altro brutto, né talora bello e talora no.¹²²

In questo senso per Platone come per l'autore dell'*A Diogneto*, la vista, in 10,2, acquista un carattere religioso come in 10,7 perchè l'uomo comprende che la vera realtà, sottesa ai vari fenomeni naturali, è una realtà immutabile e duratura, quindi eterna che è all'origine di tutto: "*Allora, pur trovandoti sulla terra, vedrai (θεάσῃ) che Dio governa nei cieli*".¹²³ In 10,7, quindi, l'autore dell'*A Diogneto* impiega θεάσῃ per indicare il senso intellettivo più che percettivo del vedere. Anche Giovanni impiega ἐθεασάμεθα per mettere in evidenza la comprensione della Verità rivelatasi in Cristo da parte del credente che ha aperto

---

121 ERODOTO, *Storie* I,30,1-2. Ed. crit. H.B. ROSÉN, *Herodotus. Historiae*, vol. I, Stutgardiae-Lipsiae 1987, p. 18.

122 PLATONE, *Simposio* 210e-211a. Ed. crit. L. ROBIN, *Platon. Le Banquet*, t. 4,2, Paris 1962, p. 69. Trad. di G. REALE, *Platone. Tutti gli scritti*, p. 517.

123 Ed. crit. F. XAVER FUNK-K. BIHLMEYER-M. WHITTAKER, *Die Apostolischen Väter. Griechisch-deutsche Parallelausgabe*, p. 320. Trad. di E. NORELLI, *A Diogneto*, p. 117.

il suo cuore alla presenza certa del Dio vivente: *"E il Verbo si fece carne e venne ad abitare in mezzo a noi; e noi vedemmo (ἐθεασάμεθα) la sua gloria"* (1,14). Nell'*A Diogneto* 10,7 si tratta dunque, come sostiene Norelli, di una nuova comprensione del mondo, visto secondo la volontà di Dio:

> Non si tratta semplicemente di contemplare Dio ma di vedere che Dio regna nei cieli, cioè di ottenere una nuova comprensione della vita terrena, sapendo che essa è radicata nella volontà di Dio, e che l'esistenza del credente è fondata nella sua appartenenza al regno celeste.[124]

In tal senso la voce verbale θεάσῃ acquista in 10,7 un senso vitale, per cui il cristiano vive effettivamente nella vita il suo incontro con Dio. L'esperienza visiva implica, dunque, in 10,7, un coinvolgimento esistenziale del fedele che crede nella Parola di Dio, allo stesso modo in cui Platone descrive lo stato di colui che si apre alla visione di Dio:

> Che cosa, dunque, noi dovremmo pensare – disse -, se ad uno capitasse di vedere il Bello in sé assoluto, puro, non mescolato, non affatto contaminato da carni umane e da colori e da altre piccolezze mortali, ma potesse contemplare come forma unica lo stesso Bello divino?.[125]

L'autore dell'*A Diogneto* spiega in 8,6, attraverso il

---

[124] E. NORELLI, *A Diogneto*, Milano 1991, p. 121.
[125] PLATONE, *Simposio* 211e-212. Ed. crit. L. ROBIN, *Platon. Le Banquet*, t. 4,2, p. 71. Trad. di G. REALE, *Platone. Tutti gli scritti*, p. 518.

verbo ἰδεῖν, che lo sguardo è inteso non in senso percettivo bensì in senso psichico-conoscitivo, per cui chi crede è vivamente coinvolto in tale esperienza di fede: *"Ma si è mostrato attraverso la fede, con la quale solamente è possibile vedere (ἰδεῖν) Dio"*.[126] L'autore dell'*A Diogneto* sembra essersi ispirato a Giovanni, secondo il quale il senso del vedere assume una connotazione decisionale da parte del credente che si volge concretamente alla fede, per cui il vedere in 8,6 come in 10,7 assume una rilevanza di carattere religioso, in quanto è fondamentalmente un guardare nella fede e nella fede il cristiano prende coscienza del carattere autoimplicativo della facoltà visiva. Analogamente all'*A Diogneto* Erma dà al carattere visivo un senso traslato per indicare la visione di Dio secondo la modalità concettuale e non percettiva del vedere: *"Il servo di Dio che porta questi nomi vedrà (ὄψεται) sì il regno di Dio, ma non vi entrerà"*.[127] Anche Barnaba designa con ἰδεῖν più la modalità del vedere metafisico del cristiano votato interamente all'incontro con Dio che il senso fisico percettivo: *"Così, dice, quelli che vogliono vedermi (ἰδεῖν) e raggiungere il mio regno devono prendermi dopo avere tribolato e sofferto"*.[128] Pertanto in *A Diogneto*

---

126 Ed. crit. F. XAVER FUNK-K. BIHLMEYER-M. WHITTAKER, *Die Apostolischen Väter. Griechisch-deutsche Parallelausgabe*, p. 316. Trad. di E. NORELLI, *A Diogneto*, p. 108.

127 ERMA, *Pastore. Similitudini* 9,15. Ed. crit. F. XAVER FUNK-K. BIHLMEYER-M. WHITTAKER, *Die Apostolischen Väter. Griechisch-deutsche Parallelausgabe*, p. 510. Trad. di A. QUACQUARELLI, *I Padri apostolici*, p. 330.

128 Ps. BARNABA, *Epistola* 7,11. Ed. crit. F. XAVER FUNK-K.

10,2 la voce verbale ὁρᾶν porta in sé il significato più mentale che sensitivo del vedere e, alla luce di 8,6, lo sguardo conferma il suo carattere religioso che si rende esplicito nell'esperienza di fede da parte del cristiano. In 10,7 l'autore dell'*A Diogneto* conferma il carattere religioso dello sguardo vissuto nell'esperienza di fede da parte del credente con la voce verbale θεάσῃ che viene impiegato in senso alternato con ὁρᾶν. Alla stessa stregua dell'anonimo autore, si pone Clemente Romano, il quale con θεασάμενος designa lo sguardo mentale:

> Ebbe misericordia di noi e mosso a pietà ci salvò. Vide (θεασάμενος) in noi un cumulo di errori e la rovina e che non avevamo speranza alcuna di salvezza se non la sua.[129]

2.6.1.A. *Lo sguardo in alto*

L'autore dell'*A Diogneto* afferma, nel quinto *komma* di 10,2, che lo sguardo dell'uomo è rivolto verso l'alto (ἄνω). Non vi è dubbio che l'autore dell'*A Diogneto* riprenda il motivo del guardare in alto dal pensiero platonico secondo il quale la vista assume un carattere estatico, per il fatto che l'oggetto a cui si rivolge lo sguardo non è una realtà sensibile ma

---

BIHLMEYER-M. WHITTAKER, *Die Apostolischen Väter. Griechisch-deutsche Parallelaugabe*, p. 44. Trad. di F. SCORZA BARCELLONA, *Epistola di Barnaba*, Torino 1975, p. 97.

[129] CLEMENTE ROMANO, *Lettera ai Corinti* II,1,7. Ed. crit. F. XAVER FUNK-K. BIHLMEYER-M. WHITTAKER, *Die Apostolischen Väter. Griechisch-deutsche Parallelaugabe*, p. 154. Trad. di A. QUACQUARELLI, *I Padri apostolici*, p. 222.

ineffabile, per cui l'uomo contempla non le immagini sensitive ma la realtà invisibile che si cela dietro l'immagine e che ne rappresenta la vera essenza. In particolar modo Platone sottolinea nella *Repubblica* che la facoltà visiva dell'occhio, diretto alla contemplazione dell'Essere in sé che non è limitato da alcun oggetto, si trova ad essere pressoché obnubilato nella sua facoltà percettiva perchè l'oggetto, a cui si rivolge, è la pienezza dell'Essere che, nel suo immenso bagliore, acceca la sensazione visiva dell'occhio:

> la liberazione dalle catene (...) il voltare lo sguardo dalle ombre alle statuette e alla luce, e ancora l'elevarsi dalla caverna al sole, e giunti qui, l'impossibilità a vedere gli animali, le piante e lo stesso splendore del sole (...). Qui non vedresti più l'immagine di quel che trattiamo, ma il suo vero essere, o per lo meno quello che a me sembra tale.[130]

Anche nel *Simposio* Platone evidenzia che lo sguardo, purificato dalle sensazioni di ordine percettivo, è il mezzo attraverso cui l'anima perviene alla contemplazione dell'Intelligibile:

> Sarebbe una vita che vale poco quella di un uomo che guardasse là e che contemplasse quel Bello con ciò con cui si deve contemplare, e rimanesse unito ad esso?.[131]

In particolar modo, quindi, per Platone lo sguardo

---

130 PLATONE, *Respublica* VII,532b-533a. Ed. crit. E. CHAMBRY, *Platon. La République*, t. 7, pp. 172-173. Trad. di G. REALE, *Platone. Tutti gli scritti*, p. 1254.
131 PLATONE, *Simposio* 212a. Ed. crit. L. ROBIN, *Platon. Le Banquet*, t. 4,2, p. 71. Trad. di G. REALE, *Platone. Tutti gli scritti*, p. 518.

acquista un valore più spirituale che fisico: lo splendore dell'Essenza intelligibile avvolge totalmente la parte sensitiva dello sguardo in modo da renderlo puro ed etereo come la realtà sommamente luminosa che l'anima contempla faccia a faccia. Lo sguardo limpido dell'anima si volge, quindi, come sostiene Festugière, in estatica contemplazione dove l'elemento corporeo dello sguardo viene sommerso dalla immensa luminosità dell'Essenza:

> Ora, a rigore, non è più possibile dire che lo si percepisce. È un contatto al di là della vista, una unione inesprimibile in cui il nous, perduto nell'oggetto, lo tocca senza poter definire ciò che egli tocca e non ha più altro sentimento che il sentimento stesso di questo toccare.[132]

L'occhio dell'anima, quindi, libero da ogni elemento fisico, è atto a contemplare l'Invisibile come Platone esprime bene anche nel mito del Fedro:

> L'essere che realmente è, senza colore, privo di figura e non visibile, e che può essere contemplato solo dalla guida dell'anima, ossia dall'intelletto, e intorno a cui verte la conoscenza vera, occupa tale luogo.[133]

Per Platone, quindi, lo sguardo rivolto verso l'alto viene inteso in senso estatico-contemplativo perchè finalizzato alla visione chiara e diretta del mondo divino, dove appunto l'anima conosce Dio. Attraverso

---

132 A.J. FESTUGIÈRE, *Contemplation et vie*, p. 227.
133 PLATONE, *Fedro* 247c. Ed. crit. L. ROBIN-C. MORESCHINI-P. VICAIRE, *Platon. Phèdre*, t. 4/3, Paris 1985, p. 38. Trad. di G. REALE, *Platone. Tutti gli scritti*, p. 556.

il *nous*, congenere al mondo divino, l'uomo può vedere e contemplare Dio.

Pertanto l'autore dell'*A Diogneto*, riprendendo da Platone il motivo dello sguardo rivolto verso l'alto, mette in rilievo che l'atto visivo è ordinato alla contemplazione di Dio. Forse l'autore, per presentare tale motivo a Diogneto, si è avvalso delle visioni estatiche dei profeti dove appunto l'elemento predominante non è il carattere visivo in sé quanto il carattere intuitivo, attraverso cui il profeta Isaia comprende la gloria di Dio:

> Si usi pure clemenza all'empio, non imparerà la giustizia; sulla terra egli distorce le cose diritte e non guarda alla maestà del Signore (Is 26,10).

Il profeta Ezechiele, in modo esplicito, avverte l'impossibilità di vedere in senso fisico il volto di Dio, e mostra che Dio può rivelare la sua gloria attraverso alcuni segni esterni, che il profeta stesso ammira durante la sua visione di carattere allucinatorio:

> Era circondato da uno splendore il cui aspetto era simile a quello dell'arcobaleno nelle nubi in un giorno di pioggia. Tale mi apparve l'aspetto della gloria del Signore. Quando la vidi, caddi con la faccia a terra e udii la voce di uno che parlava (Ez 1,27-28).

A tal proposito è necessario dire che l'autore dell'*A Diogneto*, in concomitanza alle visioni profetiche, vuole far comprendere al suo interlocutore che Dio non può essere visto in senso percettivo, ma si può intuire la sua volontà attraverso l'esperienza estatico-contemplativa in cui si rivela la Sua presenza. Anche l'apologista Giustino, contemporaneo all'autore dell'*A Diogneto* e sensibile all'influsso della filosofia platonica e della letteratura profetica, afferma che l'uomo può contemplare Dio mediante la sua facoltà intuitiva e non mediante la facoltà percettiva della vista:

> non è con gli occhi che essi possono vedere Dio, al pari degli altri esseri viventi, ma è solo con la mente che lo possono cogliere. Così dice Platone e io gli credo. 4.1. (...) Esso non ha né colore né forma né grandezza, niente di niente, insomma, di quanto l'occhio può cogliere, ma è, appunto, essere e basta.[134]

Diversamente da Giustino si muove Ireneo, il quale, in polemica con la concezione marcionita e valentiniana che toglieva al corpo la possibilità della salvezza, afferma che il corpo ha la possibilità di partecipare alla contemplazione di Dio, perchè non lo proibisce la sua natura carnale:

> Perciò (Paolo) aggiunse: "se nel corpo, o fuori del corpo", affinché non si pensasse che il corpo sia stato partecipe di quella visione, come se anch'esso avesse potuto essere partecipe delle cose che vide e udì, e d'altra parte non si dicesse che per il peso del corpo non fu elevato più in alto, ma

---

[134] GIUSTINO, *Dialogo con Trifone* 3,7-4,1. Ed. crit. M. MARCOVICH, *Iustini martyris. Dialogus cum Tryphone*, Berlin-New-York 1997, pp. 76-77. Trad. di G. VISONÀ, *Dialogo con Trifone*, Milano 1988, pp. 95-96.

fosse consentito di contemplare fino a quel punto, senza il corpo, i misteri spirituali, che sono le opere di Dio, che ha creato i cieli e la terra e ha plasmato l'uomo, affinché ne divenissero contemplatori coloro che, come l'Apostolo, sono molto perfetti nell'amore di Dio.[135]

Invece per gli alessandrini, come per Filone, la vista nella visione estatica è svincolata dalle sensazioni; è possibile pertanto la contemplazione di Dio *"senza l'apporto della sensazione"*.[136] Si tratta come nell'*A Diogneto* di una visione estatico-contemplativa in cui l'anima spogliata delle facoltà sensitive si incontra con Dio. Anche Clemente Romano mostra che alla base della contemplazione sta il pensiero attraverso cui l'uomo può addentrarsi nel mistero divino: *"Contempliamolo con il pensiero e guardiamo con gli occhi dell'anima la grande sua volontà! Consideriamo quanto sia equanime verso ogni sua creatura"*.[137] Nella stessa prospettiva degli alessandrini sembra muoversi l'autore dell'*A Diogneto*: nel quinto *komma* di 10,2 il motivo della contemplazione è susseguente alla

---

135 IRENEO, *Contro le eresie* II,30,7. Ed. crit. A. ROUSSEAU-L. DOUTRELEAU, *Irénée de Lyon. Contre les hérésies*, Paris 1982, p. 314-316. Trad. di E. BELLINI, *Ireneo di Lione. Contro le eresie e gli altri scritti*, p. 198.

136 FILONE, *La confusione delle lingue* 105. Ed. crit. J.G. KAHN, *Les oeuvres de Philon d'Alexandrie. De confusionum linguarum*, t. 13, Paris 1963, p. 96. Trad. di R. RADICE, *Filone. Tutti i trattati del commentario allegorico alla Bibbia*, Milano 1994, pp. 687-688.

137 CLEMENTE ROMANO, *Lettera ai Corinti* 19,3. Ed. crit. F. XAVER FUNK-K. BIHLMEYER-M. WHITTAKER, *Die Apostolischen Väter. Griechisch-deutsche Parallelausgabe*, p. 102. Trad. di A. QUACQUARELLI, *I Padri apostolici*, p. 62.

donazione da parte di Dio all'uomo della facoltà intuitiva e razionale. Ciò sta a significare molto probabilmente che l'autore aveva in mente di chiarire a Diogneto, che la contemplazione di Dio è esperienza estatica da parte di colui che percepisce in maniera intuitiva la ineffabile realtà divina.

2.6.1.B. *Lo status rectus*

Come conseguenza del fatto che, come sostiene Pellegrino, l'uomo ha insita in sé la vocazione alla conoscenza di Dio, in quanto lo sguardo non è considerato dal suo punto di vista fisico-percettivo quanto in quello contemplativo comprendente *"la vocazione dell'uomo a contemplare e conoscere Dio"*,[138] l'autore dell'*A Diogneto* pone il motivo dello *status rectus*. L'autore dell'*A Diogneto*, quindi, allega il motivo della contemplazione di Dio alla causa della struttura eretta dell'uomo. Cicerone, in particolare, dimostra che l'uomo è dotato del corpo eretto perchè possa apprendere la conoscenza degli dei:

> Dio ha fatto gli uomini, da principio, alti da terra ed eretti nella persona, affinché possano apprendere la conoscenza degli dei contemplando il cielo. Infatti gli uomini sono sulla terra non come abitanti ed abitatori ma quasi contemplatori delle cose superiori e celesti, che non è comune a nessun altro genere di esseri animati.[139]

---

138 M. PELLEGRINO, *Il topos dello status rectus*, p. 276.
139 CICERONE, *La natura degli dei* II,140. Ed. crit. O. PLASBERG, *M.*

L'uomo, quindi, per gli antichi pensatori greci e latini, ha il capo rivolto verso l'alto perchè ha la capacità di contemplare le cose superne e celesti che, a sua volta, lo portano alla conoscenza degli dei. Anche Senofonte attesta il motivo dello status rectus come conseguenza del fatto che l'uomo ha ricevuto da Dio il dono di guardare avanti per pensare le cose divine e conformarsi ad esse:

> Gli dei hanno fatto l'uomo eretto (ὀρθόν), solo tra gli animali – e tale posizione gli permette di poter vedere più lontano, di osservare (θεάσθαι) meglio quel che gli sta sopra.[140]

Così in Senofonte, come afferma Pellegrino, gli dei rivolgono la loro attenzione agli uomini per il fatto che "*solo fra gli animali, l'hanno posto in tale stato, che gli permette di guardare avanti e di contemplare le cose superne*".[141] Anche Aristotele, rifacendosi al pensiero di Anassagora secondo il quale l'uomo ha per fine la contemplazione del cielo, afferma che, a riprova di ciò, l'uomo è dotato della statura eretta: "*Solo l'uomo è eretto tra i viventi*".[142] Tale motivo ricorre in Minucio Felice dove appunto Dio ha creato l'uomo col volto diritto per conoscere Dio:

Tullius Cicero. De natura deorum, Stuttgart 1980, p. 106.
140 SENOFONTE, *Memorabili* I,4,11. Ed. crit. W. GILBERT, Ξενοφῶντος. Ἀπομνημονεύματα. *Xenophontis. Commentarii*, Lipsiae 1903, pp. 25-26. Trad. di R. LAURENTI, *Senofonte. Le opere socratiche* (*Memorabili – Convito – Apologia di Socrate - Economico*), Padova 1961, p. 30.
141 M. PELLEGRINO, *Il topos*, p. 276.
142 ARISTOTELE, *Il sogno* 457b,25. Ed. crit. W.S. HETT, *Aristotle. On the soul parva naturalia on breath*, London-Cambridge 1957, p. 340.

> Ai quali è stato dato il volto eretto, il guardare in cielo, la parola e la ragione, per le quali conosciamo, comprendiamo e imitiamo Dio.[143]

L'autore dell'*A Diogneto* è in linea con la tradizione classica del topos dello *status rectus* perchè nel quinto *komma* di 10,2 il riferimento allo stato eretto dell'uomo è susseguente ai doni del nous e del logos affermati precedentemente dall'autore nel terzo e quarto *komma*. In tal senso, come in Minucio, in 10,2, il motivo dello status rectus è il segno visibile del fatto che l'uomo è ordinato a contemplare Dio. Del resto anche Filone, sulla linea della tradizione protrettica, sosteneva che la statura eretta dell'uomo era conseguenza del fatto che Dio aveva creato l'uomo per contemplarLo:

> In verità, Dio ha fatto l'uomo, solo tra i viventi sulla terra, come una pianta celestiale, fissando al suolo la testa di tutti gli altri, tutti col capo all'ingiù, ma sollevando la testa dell'uomo verso l'alto, affinché egli avesse un nutrimento divino e incorruttibile, non terrestre e corruttibile.[144]

Pertanto l'autore dell'*A Diogneto* sembra inserirsi nel solco sia della tradizione classica che di quella cristiana riguardo al motivo dello status rectus, per i quali lo status rectus è semplicemente l'elemento

---

143 MINUCIO FELICE, *Ottavio* 17,2. Ed. crit. B. KYTZLER, *Minucius Felix. Octavius*, p. 13.

144 FILONE, *Il malvagio tende a sopraffare il buono* 85. Ed. crit. I. FEUER, *Les oeuvres de Philon d'Alexandrie. Quod deterius potiori insidiari soleat*, t. 5, Paris 1965, p. 72. Trad. di R. RADICE, *Filone. Tutti i trattati del commentario allegorico alla Bibbia*, Milano 1994, p. 305.

esteriore significante la vocazione dell'uomo alla contemplazione di Dio, come decisamente afferma Pellegrino:
> Il significato essenziale del motivo, quale appare dal confronto fra i vari passi, è certamente, più che il richiamo agli elementi esteriori e sensibili (conformazione del corpo, guardare al cielo), la vocazione dell'uomo a contemplare e conoscere Dio.[145]

2.6.1.C. Lo sguardo verso il cielo

Nell'*A Diogneto* il termine οὐραν όν è una congettura del Lachmann che corresse αὐτόν del codice, riferito a Dio, con οὐραν όν ipoteticamente contratto con ουνον. La congettura del Lachmann è stata accolta da Marrou, il quale, nel suo apparato critico, non sembra avere dato sufficienti spiegazioni. La supposizione è stata accolta solo da Marrou mentre invece Pellegrino, rimanendo fedele al testo tradito dell'unico manoscritto, ritiene superflua la congettura οὐραν όν , perchè il motivo centrale del quinto *komma* è la contemplazione di Dio. Fin dalla scuola ionica lo sguardo rivolto verso il cielo era indice della contemplazione degli astri, del cielo e della luna: in modo particolare Anassagora identificava l'organo visivo con l'attività contemplativa dell'uomo. In tal senso l'uomo, attraverso la facoltà visiva, comprendeva il perchè delle cose e, ammirandone la loro bellezza, perveniva conseguentemente alla contemplazione di

---
145 M. PELLEGRINO, *Il topos*, p. 276.

Dio. L'uomo, dotato di ragione, contemplava il cielo per salire alla visione piena della essenza divina, comprendendo così la causa delle cose. Per tale motivo Anassagora, alla domanda di colui che obiettava sul senso della vita, rispondeva perentoriamente che l'uomo era nato *"per la contemplazione del sole, della luna e del cielo"*.[146] Quindi per Anassagora il senso percettivo della vista è di basilare importanza perchè, attraverso questo, l'uomo può godere delle meraviglie del creato e giungere poi alla contemplazione di Dio. Ispiratosi ad Anassagora, anche Aristotele afferma che l'uomo, osservando le cose, può intuirne la loro causa e quindi contemplarla: *"queste sono le cause di quegli esseri divini che a noi sono manifesti"*.[147] In particolar modo lo stesso Cicerone mette in rilievo che l'uomo, osservando gli astri, giunge alla conoscenza degli dei:

> Infatti solo noi rispetto agli animali conosciamo l'inizio, il corso e il tramonto degli astri (...); osservando i quali, l'anima riceve la conoscenza degli dei.[148]

Lo stesso motivo ricorre nel *Sogno di Scipione*, dove appunto il protagonista osserva il mondo per scoprire la bellezza e l'armonia delle cose celesti, contemplando in tutta la sua pienezza lo splendore del mondo astrale:

> Contemplando da quel luogo, tutte le altre

---

146 DIOGENE LAERZIO I,2,10. Ed. crit. H.S. LONG, *Diogenis Laertii. Memorabilia*, vol. I, Oxonii 1964, p. 61.

147 ARISTOTELE, *Metafisica* 1026a,15. Ed. Crit. W. JAEGER, *Aristotelis. Metaphysica*, Oxonii 1960, pp. 122-123. Trad. di G. REALE, *Metafisica di Aristotele*, p. 273.

148 CICERONE, *La natura degli dei* II,153. Ed. crit. O. PLASBERG, *M. Tullius Cicero. De natura deorum*, Stuttgart 1980, p. 112.

cose mi apparivano mirabili e lucenti. C'erano ora quelle stelle che mai vedemmo da qui, le quali erano tutte così grandi. (...). Poi le stelle superavano in grandezza certamente la sfera terrestre. In realtà già la stessa terra mi apparve così piccola, che mi dispiacque del nostro impero, nel quale noi occupiamo solo un piccolo punto di essa.[149]

L'apologista Aristide riprende il motivo classico della contemplazione del cielo per evidenziare che l'uomo ha la capacità di ammirare le bellezze del creato: *"contemplando (θεορήσας) il cielo e la terra e il mare, e il sole e la luna e tutto il resto, sono rimasto meravigliato del loro ordinamento"*.[150] In particolar modo Lattanzio afferma che la contemplazione del cielo è il fine della vita umana sulla terra: *"L'uomo invece ha la posizione eretta, il volto elevato; è come spinto a contemplare l'universo"*.[151] Quindi il motivo dello sguardo rivolto verso il cielo mette in rilievo in primo luogo la conformazione del volto verso l'alto e relega in secondo piano la conoscenza di Dio susseguente alla contemplazione delle stelle. È pertinente, in questo caso, riferirsi all'episodio, descritto dal salmista, del pellegrino che,

---

149 CICERONE, *Sogno di Scipione* 3,16. Ed. crit. A. RONCONI, *Cicerone. Somnium Scipionis*, Firenze 1967, p. 50.

150 ARISTIDE, *Apologia* 1,1. Ed. crit. e trad. di C. ALPIGIANO, *Aristide di Atene. Apologia*, Firenze 1988, p. 54.

151 LATTANZIO, *De ira Dei* 7,5. Ed. crit. H. KRAFT-A. WLOSOK, *Laktanz. Vom Zorne Gottes*, Darmstadt 1971, p. 16. Trad. di U. BOELLA, *Lattanzio. Divinae Institutiones. De opificio dei – De ira dei*, Firenze 1973, p. 643.

contemplando il cielo, coglie nel profondo la bontà e la maestà del creatore:

> Se guardo il tuo cielo, opera delle tue dita, la luna e le stelle che tu hai fissate, che cosa è l'uomo perchè te ne ricordi e il figlio dell'uomo perchè te ne curi? (8,4-5).

In tal modo il pellegrino guarda il cielo stellato in estatica contemplazione, dove appunto la percezione visiva dei fenomeni celesti non viene annullata, ma cede il passo alla realtà divina che si cela dietro il semplice fenomeno ottico. L'esperienza del pellegrino è quindi di ordine simbolico, dove la realtà immediata del fenomeno viene ad esprimere la vera chiamata di Dio che rende consapevole il pellegrino del fatto che tutto il creato porta l'impronta del Suo soffio vitale. Allo stesso modo l'autore della Genesi ci racconta della visione estatica di Abramo che, guardando le stelle, percepisce la Parola di Dio che traspare dal fenomeno naturale: *"Guarda in cielo e conta le stelle, se riesci a contarle, e soggiunse: tale sarà la tua discendenza"* (15,5). In 10,2 l'autore dell'*A Diogneto*, invece, stando al manoscritto originario, non fa alcun riferimento al cielo perchè probabilmente l'autore vuole far comprendere a Diogneto che l'uomo è nato principalmente per contemplare Dio non escluso ovviamente, a riprova di ciò, la struttura eretta del corpo e tanto meno la vista, quale conseguenza di questo rapporto speciale che l'uomo ha con Dio.

2.6.2. Concessione divina

L'autore dell'*A Diogneto*, nel quinto *komma* di 10,2, afferma che Dio ha concesso all'uomo di contemplare Se stesso. Viene messa in rilievo l'azione divina perchè, a differenza degli stoici, la contemplazione non è il frutto dell'attività razionale che necessariamente guidava l'uomo a tal fine, bensì è il dono che Dio, trascendente il mondo, dà solamente all'uomo. Alla forza cieca e materiale dell'*heimarmene* (necessità) stoica, secondo la quale tutto avviene secondo leggi fisse, l'autore contrappone la libera volontà di Dio che crea l'uomo capace di contemplazione. Allo stesso modo Filone pone l'accento sulla iniziativa divina affermando, come l'autore dell'*A Diogneto*, che l'impulso interiore che spinge l'uomo a Dio non è il prodotto della necessità stoica bensì è dono di Dio creatore:

> L'uomo, desideroso di sapere qualunque cosa e amante del bello, spinto alla contemplazione, ottenne la conclusione razionale che tutto quanto esiste si è formato non da se stesso, attraverso i movimenti irrazionali, ma che lo è stato attraverso il pensiero di Dio, che è il Padre e il Creatore.[152]

Quindi tutto ciò che è nel mondo è frutto dell'azione divina. Più in particolare l'autore dell'*A Diogneto* impiega la voce verbale ἐπέτρεψεν che, sebbene simile a ἔδοκεν, indica, rispetto a ἔδοκεν, la

---

[152] FILONE, *Leggi speciali* 3,189. Ed. crit. A. MOSÈS, *Les oeuvres de Philon d'Alexandrie. De specialibus legibus, t.* 25, Paris 1970, p. 178.

modalità cosciente dell'azione divina che permette all'uomo di guardare in alto. Rispetto al verbo *"dare"* che esprime la nozione generica di trasferimento, il verbo *"permettere"* esprime il formale assenso come parte responsabile dell'azione divina, non esclusa ovviamente la responsabilità dell'uomo. Infatti il verbo ἐπιτρέπειν ricorre nella letteratura neo-testamentaria dove appunto indica, come in Mt 19,8, l'assenso di Mosé in ordine al ripudio della moglie da parte del marito: *"Per la durezza del vostro cuore Mosé vi concesse* (ἐπέτρεψεν) *di ripudiare le vostre mogli, ma da principio non fu così"*. Ovviamente l'autore dell'*A Diogneto* ha ripreso dall'autore biblico il verbo ἐπέτρεψεν per indicare il precedente consenso di Dio che accorda solamente all'uomo di guardare in alto e, conseguentemente, il formale assenso dell'uomo che può scegliere di stare sia col capo rivolto verso l'alto che verso il basso. Quindi in *A Diogneto* 10,2 Dio concede all'uomo un singolare privilegio: quello di contemplare Dio, al quale l'uomo può scegliere di conformare la propria volontà.

Nell'*A Diogneto* il motivo della contemplazione di Dio è strettamente connesso al motivo dello *status rectus* perchè il motivo della contemplazione precede, nel quinto *komma*, il motivo dell'immagine di Dio affermato nel sesto *komma* di 10,2. Per l'autore dell'*A Diogneto* lo *status rectus* è la conseguenza del fatto che Dio ha concesso all'uomo di guardare in alto e, in quanto tale, l'uomo è stato plasmato eretto perchè creato a Sua immagine come egli stesso afferma nel *komma* immediatamente conseguente: *"I quali* (*uomini*) *plasmò dalla propria immagine*". Un pensiero simile si ritrova in Ireneo di Lione dove appunto Dio ha plasmato l'uomo eretto perchè lo ha creato a Sua immagine, quindi capace di contemplazione perchè Dio gli ha infuso una scintilla di vita:

> Anche l'uomo è creazione degli angeli: poiché infatti apparve una luminosa immagine dal sommo potere, quelli non avendola potuta trattenere perchè era tornata subito in alto, si esortarono a vicenda dicendo: "Facciamo un uomo ad immagine e somiglianza". Essi lo fecero, ma la loro creatura non poteva stare in piedi, a causa della incapacità degli angeli, e si agitava come un verme. Allora la Potenza dall'alto ebbe compassione di lui, poiché era stato fatto a sua immagine, ed emise una scintilla di vita, che eresse ($ἀν\ ὀρθωσε$) l'uomo, lo articolò e lo fece vivere.[153]

Ireneo si rifà al contesto della creazione dove l'autore jahvista della Genesi afferma in 2,7 che Dio ha insufflato nell'uomo uno spirito di vita e lo pose nel giardino dell'Eden, a differenza degli animali che sono stati plasmati solo dalla polvere del suolo. Tale è l'interpretazione di Ireneo secondo cui al momento della creazione Dio ha plasmato l'uomo col volto rivolto verso l'alto perchè lo ha creato a Sua immagine,

---

[153] IRENEO, *Contro le eresie* I,24,1. Ed. crit. A. ROUSSEAU-L. DOUTRELEAU, *Irénée de Lyon. Contre les hérésies*, Paris 1979, p. 322. Trad. di E. BELLINI, *Ireneo di Lione. Contro le eresie e gli altri scritti*, p. 101.

donandogli una scintilla di vita e distinguendolo in tal modo dagli animali che erano stati prodotti dalla terra e, per questo motivo, col capo rivolto verso terra e striscianti sulla terra.

Secondo un'antica leggenda degli ebrei, Ginzberg riporta che il serpente, come afferma l'autore della Genesi in 3,1, è la bestia più astuta perchè era simile all'uomo in quanto era dotato della posizione eretta. Dopo la caduta di Adamo il serpente viene privato delle zampe e quindi della statura eretta e per questo motivo, come afferma l'autore della Genesi in 3,14, il serpente è condannato a strisciare per terra:

> Prima della caduta dell'uomo, il serpente, è il più intelligente di tutti gli animali creati, e nella forma assomiglia molto all'uomo. È stato in posizione eretta, e possiede una straordinaria dimensione. In seguito ha perduto i vantaggi mentali che possedeva e viene uguagliato agli altri animali, e degenerò fisicamente.[154]

Anche il rabbino contemporaneo all'autore dell'*A Diogneto*, denominato R. Oshajjah il Grande, in un suo commento alla Genesi afferma che il serpente prima della caduta era *"ritto come una canna ed aveva i piedi"*,[155] in seguito dopo la maledizione di Dio, perde tale statura:

> Io ti ho foggiato in modo che tu camminassi

---

154 A. GINZBERG, *The Legends of the Jews*, vol. I, Philadelphia 1968, p. 40.

155 *Genesi Rabbà* 19,1. Ed. Crit. H. FREEDMAN-M. SIMON, *Midrash Rabbah. Genesis*, vol. I, London 1961, p. 149. Trad. di T. FEDERICI, *Commento alla Genesi*, Torino 1978, p. 147.

a testa alta come l'uomo, e tu non l'hai voluto: sul tuo dorso camminerai. Io ti ho foggiato in modo che ti alimentassi dei cibi come l'uomo, e tu non l'hai voluto: mangerai la polvere.[156]

A differenza dell'uomo che dopo il peccato non perde l'immagine perchè resta fisicamente eretto, il serpente sembra perdere la statura eretta e quindi strisciare per terra. Come Ireneo anche l'autore dell'*A Diogneto* collega il motivo dello status rectus al tema dell'immagine di Dio di Gen 1,26-27, perchè solo l'uomo è stato plasmato fisicamente diritto da Dio in quanto reca in sé qualcosa di divino; infatti egli ha ricevuto il privilegio di contemplare Dio. Nella stessa prospettiva genesiaca si muove sia l'interpretazione di Ireneo che quella dell'autore dell'*A Diogneto*: nella dottrina genesiaca la creazione dell'uomo secondo l'immagine di Dio (Gen 1,27) precede la plasmazione dell'uomo (Gen 2,7) e il suo dominio su tutti gli animali che strisciano sulla terra, in quanto l'uomo è stato plasmato col volto rivolto verso l'alto perchè creato a immagine e somiglianza di Dio.

2.6.3. L'uomo unico beneficiario

L'autore dell'*A Diogneto*, nel quinto *komma* di 10,2, afferma che solo agli uomini Dio ha concesso il dono della contemplazione e, a conferma di ciò, la statura eretta, strettamente collegata al tema biblico

---

[156] *Genesi Rabbà* 20,5. Ed. crit. H. FREEDMAN-M. SIMON, *Midrash Rabbah. Genesis*, vol. I, p. 163. Trad. di T. FEDERICI, *Commento alla Genesi*, Torino 1978, p. 159.

dell'immagine di Dio. Questa statura è un beneficio per l'uomo, perchè è indice di un rapporto verticale dell'uomo che, in quanto tale, è teso a comunicare con Dio. La stessa posizione del corpo, volta verso l'alto, spiega che l'uomo è disposto a interessarsi delle cose celesti e non soltanto a quelle terrene come gli animali. Per la stessa motivazione, l'uomo, secondo l'autore dell'*A Diogneto*, è un essere che trascende se stesso e le cose del mondo perchè ha la capacità di rapportarsi a Dio e, quindi, di pensare e di vivere secondo le virtù. Tale esperienza di ordine trascendente è insita nella stessa costituzione dell'uomo, che è propenso a proiettarsi nel divino e a coltivare conseguentemente la propria dimensione di ordine spirituale. In modo particolare l'apologista Lattanzio mette in rilievo che l'uomo, rispetto agli animali, ha avuto da Dio il privilegio di avere una struttura bipede di tipo erettile per il fatto che ha l'attitudine a relazionarsi a Dio, a differenza degli animali che sono stati creati col capo curvo verso terra perchè il loro unico fine è la ricerca del cibo con cui nutrirsi:

> Quando allora Dio decise, fra tutti gli animali, di fare solo l'uomo celeste, tutti gli altri terreni, lo eresse diritto per contemplare il cielo e lo fece bipede (...). Tuttavia abbassò quelli a terra, perchè nessuna aspettativa è a questi immortale, affinché, volti a terra con tutto il corpo, si occupassero del ventre e del cibo.[157]

---

157 LATTANZIO, *De opificio dei* 8,2-3. Ed. crit. M. PERRIN, *Lactance. L'ouvrage du Dieu créateur*, Paris 1974, pp. 148-150.

Anche Minucio, in tono perentorio, introduce a vantaggio dell'uomo il motivo dello status rectus, facendo emergere la visibile differenza tra l'uomo e gli animali: gli animali sono necessariamente interessati, per istinto naturale a nutrirsi, perchè il loro unico scopo è la sopravvivenza fisica. L'uomo, invece, non ha il capo curvo come gli animali perchè non è solamente volto a ricercare le cose terrene, ma tende a elevarsi volontariamente verso Dio per imitarlo e vivere quotidianamente tale esperienza ultraterrena:

> Noi differiamo dalle bestie selvatiche perchè quelle sono nate curve e volte in terra a procurare semplicemente il cibo, noi, invece, abbiamo ricevuto il volto eretto, il guardare in cielo, la parola e la ragione, per la quale conosciamo, comprendiamo e imitiamo Dio.[158]

In virtù della statura eretta l'uomo può dedicarsi a compiere molte attività che contribuiscono al miglioramento della situazione sociale e al contempo l'uomo, mediante la messa in atto di mezzi adeguati e specifici, può impegnarsi a ordinare l'umana società secondo il disegno di Dio creatore. L'apologista Lattanzio infatti rileva la singolarità dell'uomo nei confronti degli animali che hanno il capo curvo, perchè non possiedono la ragione e la sapienza:

> Infatti come gli altri esseri animati con i corpi curvi sono rivolti verso terra, perchè non hanno la ragione e la sapienza, al

---

[158] MINUCIO FELICE, *Ottavio* 17,2. Ed. crit. B. KYTZLER, *Minucius Felix. Octavius*, p. 13.

contrario a noi è stata data soprattutto da Dio artefice la posizione eretta, il volto rivolto verso l'alto.[159]

Alla base di un sano organismo psico-fisico vi è la ragione e la sapienza che inducono l'uomo a compiere plurime attività sociali e a compierle secondo la volontà di Dio nel rispetto del loro naturale sviluppo. Pertanto allo stesso modo di Lattanzio e di Minucio, l'autore dell'*A Diogneto* mette in evidenza, dopo la menzione del nous e del logos, il singolare motivo dello status rectus che Dio ha dato solo all'uomo, non esclusa ovviamente la contrapposizione agli animali che l'autore non cita direttamente, ma ai quali si riferisce mediante il pronome *monoiς* che rafforza la posizione esclusiva dell'uomo rispetto ad essi.

---

[159] LATTANZIO, *Divine istituzioni* II,1,14. Ed. crit. P. MONAT, *Lactance. Institutions divines*, Paris 1987, p. 28.

2.7. "I QUALI (UOMINI) PLASMO' DALLA PROPRIA IMMAGINE"
(οὓς ἐκ τῆς ἰδίας εἰκόνος ἔπλασε)

2.7.1. *La plasmazione*

L'autore dell'*A Diogneto*, nel sesto *komma* di 10,2, riprende, con la voce verbale ἔπλασε, il tema della plasmazione che rievoca la dottrina genesiaca secondo la quale Dio ha composto col fango della terra l'uomo: "*Allora il Signore Dio plasmò* (ἔπλασε) *l'uomo con la polvere del suolo e soffiò nelle sue narici un alito di vita e l'uomo divenne un essere vivente*" (Gen 2,7). Anche il giudeo-alessandrino Filone, come l'autore dell'*A Diogneto*, interpreta ἔπλασεν di Gen 2,7 come l'azione divina che trae l'uomo dal limo della terra: "*Dio plasmò l'uomo prendendo del fango dalla terra e soffiò sul suo volto un soffio di vita, e l'uomo divenne un'anima vivente*" (Gen 2,7).[160] Sebbene rimanga fedele al testo biblico della Genesi riguardo all'accezione verbale ἔπλασεν, riferentesi all'azione di Dio che plasma l'uomo dandogli un corpo di carne, il giudeo Filone, sensibile all'influsso dualistico della filosofia platonica, introduce, rispetto all'autore dell'*A Diogneto*, una distinzione tra ἔπλασεν ed εἰκών. Filone, rifacendosi alla descrizione della creazione dell'uomo nel libro della Genesi, nota che l'autore della

---

160 FILONE, *Allegorie delle leggi* 1,31. Ed. crit. C. MONDÉSERT, *Les oeuvres de Philon d'Alexandrie. De legum allegoriae*, t. 2, Paris 1962, p. 54. Trad. di R. RADICE, *Filone di Alessandria. Tutti i trattati del commentario allegorico alla bibbia*, Milano 1994, p. 82.

Genesi in 1,26 mette $\pi οιέω$ vicino a $εἰκών$ per indicare l'uomo fatto a immagine, mentre in 2,7 usa il verbo $ἔπλασεν$ per indicare la plasmazione dell'uomo formato dalla polvere del suolo. Di conseguenza Filone avverte, sulla base del dualismo platonico, che l'uomo fatto a immagine non è l'uomo plasmato dal limo della terra. Quindi Filone di Alessandria, che è stato il primo teologo a sviluppare il tema dell'immagine-plasmazione alla luce della filosofia platonica, in riferimento al duplice racconto biblico della creazione di Gen 1,26 e di Gen 2,7, considera l'uomo fatto secondo l'immagine ($κατ εἰκόνα$) di Gen 1,26, l'uomo essenziale, mentre l'uomo plasmato di Gen 2,7 è l'uomo terreno prodotto dal limo della terra:

> Ci sono due generi di uomini: l'uno è l'uomo celeste e l'altro è l'uomo terrestre. Quello celeste, in quanto è generato a "immagine" di Dio (Gen 1,26s.), non partecipa alla sostanza corruttibile e, in generale, "terrestre". L'uomo terrestre, invece, è costituito di materia qualsiasi che la sacra Scrittura chiama "fango". Per questo motivo non si dice che l'uomo celeste è stato "plasmato" ($πεπλάσθαι$), ma creato a "immagine" ($κατ εἰκόνα$) di Dio.[161]

Pertanto per Filone l'uomo plasmato non è l'uomo celeste, anzi intercorre tra i due, come sostiene Grossi, una contrapposizione sostanziale: il celeste è di natura incorruttibile, il terreno è plasmato di materia corruttibile:

---

161 *Ibidem*

Filone infatti distingueva nettamente l'uomo celeste e l'uomo terreno. Egli, accostando e opponendo Gen 1,26 e Gen 2,7, proponeva la distinzione tra due tipi di uomini in cui l'uomo celeste precede quello terreno.[162]

Per Filone si tratta dunque di una doppia creazione, dove due sono le azioni di Dio distinte nel tempo: il primo uomo è quello fatto ad immagine ed è l'uomo interiore, il vero uomo, mentre il secondo uomo è l'uomo plasmato, l'uomo sensibile e corruttibile perchè formato di materia corruttibile.

La concezione alessandrina di Filone viene ripresa, più in particolare da Origene il quale adottò, come sostiene Sanna, *"lo schema filoniano della doppia creazione, secondo cui solo l'uomo fatto è ad immagine, non l'uomo plasmato"*.[163] Come Filone, lo stesso Origene opererà una separazione tra l'uomo celeste fatto a immagine di Dio e l'uomo terreno che è stato plasmato con la polvere del suolo:

> quindi questo uomo, che dice fatto a immagine di Dio, non lo intendiamo in quanto corporeo: giacché non la figura del corpo contiene l'immagine di Dio, né è detto dell'uomo corporeo che è stato fatto, bensì plasmato, come sta scritto in seguito. Dice infatti: E Dio plasmò l'uomo, cioé lo modellò, dal fango della terra; questo poi, che è stato fatto ad immagine di Dio, è il nostro uomo interiore, invisibile, incorporeo,

---

162 V. GROSSI, *Lineamenti di antropologia patristica*, Roma 1983, p. 26.
163 I. SANNA, *Immagine di Dio e libertà umana*, Roma 1990, p. 163.

incorruttibile, immortale.[164]

Anche per gli gnostici è palese la differenza tra l'uomo plasmato e l'uomo fatto ad immagine: l'uomo fatto ad immagine è l'uomo che porta in sé la scintilla divina proveniente dalla regione divina del πλήρωμα, quindi è l'uomo pleromatico, sostanzialmente fatto a immagine del Dio supremo, perchè consostanziale al mondo pleromatico; l'uomo materiale, invece, è plasmato ad immagine del demiurgo:

> Avendo preso fango dalla terra (Gen 2,7), il demiurgo fece (ἔπλασε) un'anima terrena e materiale, irrazionale e consustanziale a quella delle bestie selvagge.[165]

In modo più chiaro Di Gennaro ci spiega che l'uomo plasmato, quindi, nell'eresia gnostica è l'uomo ilico che, in quanto creato dagli arconti, è infinitamente distante dal quarto eone del pleroma, modello divino dell'uomo materiale:

> L'azione più nobile riconducibile alla creazione (ποίησις), è proiettata nella regione divina del πλήρωμα, quella invece meno nobile, riducibile alla plasmazione (πλάσις), è inscritta nella regione imperfetta infradivina (la regione degli arconti) del kenoma, cioè dell'imperfezione.[166]

Tuttavia l'autore dell'*A Diogneto*, apponendo ἔπλασε

---

164 ORIGENE, *Omelia sulla Genesi* I,13,5-10. Ed. crit. H. DE LUBAC-L. DOUTRELEAU, *Origène. Homélies sur la Genèse*, Paris 2003, p. 56. Trad. di M.I. DANIELI, *Origene. Omelie sulla Genesi*, Roma 1978, p. 52.
165 M. SIMONETTI, *Testi gnostici cristiani*, Bari 1970, pp. 243-244.
166 G. DI GENNARO, *L'antropologia biblica*, Napoli 1981, p. 313.

vicino a εἰκόνος, sembra inserirsi nel solco della teologia asiatica, secondo la quale, come sostiene Ireneo, l'uomo fatto a immagine di Dio è lo stesso uomo che è stato plasmato da Dio:

> Quando invece questo Spirito mescolato all'anima si unisce all'opera plasmata (πλάσματι), grazie all'effusione dello Spirito, giunge a compimento l'uomo spirituale e perfetto, e questo è l'uomo creato ad immagine (εἰκόνα) e somiglianza di Dio.[167]

Quindi l'autore dell'*A Diogneto,* ponendo nel sesto *komma* di 10,2 ἔπλασε vicino a εἰκόνος, dimostra, allo stesso modo di Teofilo, vescovo di Antiochia, sulla linea della tradizione genesiaca, che l'uomo plasmato nel corpo è fatto a immagine di Dio; l'uomo concreto non l'uomo celeste è creato a immagine di Dio. Così Teofilo, accostando plasma ad eikon, si pone sulla linea della tradizione genesiaca della creazione dell'uomo, per cui l'uomo plasmato è lo stesso uomo fatto a immagine di Dio: "*i cieli sono sua opera, la terra è sua creazione, il mare è sua fattura; l'uomo è sua forma e sua immagine*".[168]

2.7.2. L'immagine nell'uomo

L'autore dell'*A Diogneto*, nel sesto *komma* di

---

167 IRENEO, *Contro le eresie* V,6,1. Ed. crit. A. ROUSSEAU-L. DOUTRELEAU-Ch. MERCIER, *Irénée de Lyon. Contre les hérésies*, Paris 1969, p. 77. Trad. di E. BELLINI, *Ireneo di Lione. Contro le eresie e gli altri scritti*, p. 420.
168 TEOFILO di Antiochia, *ad Autolico* 1,4. Ed. crit. M. MARCOVICH, *Tatiani. Oratio ad Graecos. Theophili Antiocheni, ad Autolycum*, p. 19. Trad. di C. BURINI, *Gli apologeti greci*, p. 367.

10,2, si serve della voce verbale ἔπλασεν per indicare, come nella Genesi 2,7, l'azione divina che forma il corpo dell'uomo, traendolo dal limo della terra. L'autore dell'*A Diogneto*, impiegando il verbo ἔπλασεν, riprende la tradizione asiatica col fine di affermare, allo stesso modo di Ireneo, la creazione del corpo che Dio ha modellato fin dalla creazione del mondo: "*E che Adamo fu plasmato (πλάσις) dalla nostra terra*".[169] Quindi in 10,2 l'autore dell'*A Diogneto*, allo stesso modo di Ireneo, allegando alla voce verbale ἔπλασεν il termine εἰκόνος, fa comprendere al suo interlocutore che il corpo dell'uomo è stato foggiato da Dio a Sua immagine; conseguentemente l'uomo, per l'autore dell'*A Diogneto*, reca la Sua immagine nel corpo. Allo stesso modo Teofilo di Antiochia, menzionando plasma vicino a eikon, evidenzia che Dio ha creato a Sua immagine non l'uomo celeste, incorporeo, ma l'uomo concreto che possiede un corpo fatto di carne; quindi l'uomo considerato nella sua natura corporea e sensibile. Riaffiora in tal modo in 10,2 la teologia della carne secondo la quale l'uomo viene creato a immagine di Dio nel corpo, evitando così la concezione gnostica per cui, invece, l'uomo spirituale, incorruttibile, distante sostanzialmente dall'uomo materiale, è creato a immagine di Dio. In modo più convincente dell'autore dell'*A Diogneto*, lo pseudo-Giustino difende, in

---

[169] IRENEO, *Contro le eresie* V,16,1. Ed. crit. A. ROUSSEAU-L. DOUTRELEAU-Ch. MERCIER, *Irénée de Lyon. Contre les hérésies*, p. 213. Trad. di E. BELLINI, *Ireneo di Lione. Contro le eresie e gli altri scritti*, p. 442.

contrasto con le correnti gnostico-platonizzanti che negavano il valore del corpo, l'elemento corporeo dove appunto risiede l'immagine di Dio perchè è stato creato a Sua immagine:

> È dunque chiaro che l'uomo, modellato a immagine di Dio, era carnale. Come dunque non è assurdo e senza senso dire che la carne, plasmata da Dio secondo la Sua stessa immagine, sia degna di alcun valore? Ma è evidente che la carne è un bene prezioso davanti a Dio perchè per prima è stata plasmata da Lui stesso, come immagine che diventa grata a colui che l'ha plasmata e l'ha dipinta.[170]

Come conseguenza del fatto che l'uomo "fatto" a immagine è lo stesso uomo che è stato plasmato con la polvere del suolo, in contrasto ovviamente con la concezione alessandrina e più in particolare con Filone che, come Origene, adottò lo schema della doppia creazione secondo cui l'uomo fatto è a immagine di Dio non l'uomo plasmato, se ne deduce, per l'autore dell'*A Diogneto*, che l'uomo integrale, corporeo è plasmato ad immagine di Dio; l'uomo è quindi, nell'*A Diogneto*, immagine di Dio nel suo corpo.

Pertanto l'autore dell'*A Diogneto* evita il senso origeniano della separazione tra immagine e plasmazione, menzionando ἔπλασεν riferito a immagine cosicché l'uomo è plasmato nel corpo a

---

170 Ps. GIUSTINO, *Dalla resurrezione* 7. Ed. crit. M. HEIMGARTNER, *Pseudojustin – Über die auferstehung. Texte und studie*, Berlin-New-York 2001, p. 118.

immagine di Dio. È in forza di questa formulazione che l'autore dell'*A Diogneto* rigetta non solo la concezione origeniana dell'uomo posto a immagine di Dio esclusivamente nel νοῦς, ma evita anche il concetto gnostico-dualistico tra plasmazione e creazione in quanto Dio ha formato l'uomo a immagine di Dio nel plasma, ovvero nel corpo.

2.7.3. L'immagine originaria

L'autore dell'*A Diogneto* impiega, nel sesto *komma* di 10,2, il termine εἰκών (εἰκόνος). Kirchmeyer ci informa che tale termine, proveniente dalla filosofia platonica, serve ad indicare la riproduzione plastica nel visibile della realtà divina: "*Tuttavia l'immagine suppone ed esprime una relazione, il mondo sensibile partecipante del mondo intelligibile come la copia partecipa del modello*".[171] Quindi per Platone l'uomo è la riproduzione, il prototipo del modello eterno, intelligibile; ogni cosa riflette in sé il modello intelligibile da cui è stata fatta:

> Ma solo pochi, mediante gli organi oscuri, avvicinandosi alle copie, a mala pena vedono l'originario modello che è riprodotto in quelle *copie*..[172]

Tutto ciò che è materiale è copia del modello

---

171 J. KIRCHMEYER, *Grecque (Eglise)*, in M. VILLER-F. CAVALLERA-G. DE GUIBERT, *DSp*, vol. VI, Paris 1967, col. 813.
172 PLATONE, *Fedro* 250b. Ed. crit. L. ROBIN-C. MORESCHINI-P. VICAIRE, *Platon. Phèdre*, t. 4/3, Paris 1985, p. 43. Trad. di G. REALE, *Platone. Tutti gli scritti*, p. 559.

originario, riproduzione imperfetta del modello ideale. Anche in Gen 1,26 εἰκών esprime il significato di prototipo secondo (κατά) cui l'uomo è stato effigiato da Dio: *"Facciamo l'uomo a (κατά) nostra immagine"* (Gen 1,26). A sua volta l'autore dell'*A Diogneto*, in 10,2, riprendendo il significato biblico di εἰκών specifica che Dio plasmò l'uomo dalla (ἐκ) propria immagine e non secondo (κατά) la propria immagine. L'autore dell'*A Diogneto* impiega la particella ἐκ che, diversamente da ἀπό indicante la provenienza che non il compimento dell'azione divina, per cui l'immagine *"proviene dal"*[173] Verbo senza esservi tra il Verbo e l'immagine una relazione reciproca, esprime, invece, *"la realizzazione dell'azione"*[174] divina per cui sussiste una relazione reciproca tra Dio, da cui proviene l'immagine, e l'uomo che è il risultato dell'azione divina. La preposizione ἐκ significante *"dall'interno di"*[175] esprime la trasposizione dell'azione divina da Dio all'uomo, a differenza di kata che, invece, significando *"conformemente a"*[176], esprime che l'uomo è stato creato da Dio in modo conforme alla Sua immagine. Tuttavia si può pensare che l'autore dell'*A Diogneto* abbia scelto la particella *ek*, indicante il movimento che dall'interno si dirige verso l'esterno, per esprimere la partecipazione diretta del Figlio

---

[173] ἐκ, in P. CHANTRAINE, *Dictionnaire étymologique de la langue grecque*, vol. I, Paris 1968, col. 352.
[174] *Ibidem*
[175] *Ibidem*
[176] Κατά, in P. CHANTRAINE, *Dictionnaire étymologique de la langue grecque*, col. 504.

invisibile nella plasmazione dell'uomo creato a immagine di Dio, ossia di Cristo invisibile.

Già Teofilo di Antiochia, contemporaneo all'autore dell'*A Diogneto*, interpretando il plurale "*Facciamo*" di Gen 1,26 riferito al Verbo, specificava che, fin dalla creazione del mondo, il Verbo invisibile era presente e, insieme al Padre, creavano l'uomo a immagine di Dio, ossia del Verbo:

> Ancora di più; come se fosse bisognoso di aiuto, Dio dice: "Faremo l'uomo ad immagine (kat'eikona) e somiglianza" e a nessun altro ha detto "Faremo" se non al suo stesso Verbo e alla sua sapienza.[177]

L'autore dell'*A Diogneto*, ponendo nel settimo *komma* la venuta storica del Verbo come cronologicamente conseguente alla plasmazione dell'uomo dalla (ἐκ) immagine di Dio, sembra far intuire, sulla scia della tradizione asiatica che ha il suo massimo rappresentante in Ireneo, che, precedentemente alla sua incarnazione, il Verbo, che preesisteva insieme al Padre, modellava l'uomo a Sua immagine perchè lo formava con le sue proprie mani:

> Perciò in tutto questo tempo l'uomo plasmato all'inizio per mezzo delle Mani di Dio, cioè il Figlio e lo Spirito, diviene ad (κατά) immagine e somiglianza di Dio.[178]

---

[177] TEOFILO di Antiochia, *ad Autolico* 2,18. Ed. crit. M. MARCOVICH, *Tatiani. Oratio ad Graecos. Theophili Antiocheni, ad Autolycum*, p. 65. Trad. di C. BURINI, *Gli apologeti greci*, p. 402.

[178] IRENEO, *Contro le eresie* V,28,4. Ed. crit. A. ROUSSEAU-L. DOUTRELEAU-Ch. MERCIER, *Irénée de Lyon. Contre les hérésies*, p. 361. Trad. di E. BELLINI, *Ireneo di Lione. Contro le eresie e gli altri*

Ireneo, infatti, rileva che ancor prima della incarnazione, il Figlio ha creato l'uomo a Sua immagine: *"egli ha fatto l'uomo in sembianza di Dio, e immagine di Dio è il figlio, secondo (κατά) l'immagine del quale è stato fatto l'uomo"*.[179] Quindi kata rispetto a ek sembra esprimere, in linea con la teologia ireneana, che l'uomo è stato plasmato secondo, ossia in conformità (κατά) al Verbo che doveva incarnarsi: il Verbo da invisibile si renderà visibile nella pienezza dei tempi assumendo carne umana: *"E perciò egli apparve negli ultimi tempi, per mostrare un'immagine simile a se stesso"*.[180] Nella stessa prospettiva di Ireneo, secondo il quale l'uomo è stato plasmato dalle mani del Verbo invisibile in vista della sua comparsa nella carne, sembra muoversi l'autore dell'*A Diogneto* dove, nel settimo *komma*, segue l'incarnazione del Figlio a riprova del fatto che l'uomo era stato plasmato dal Verbo invisibile. È probabile che per l'autore dell'*A Diogneto*, come per Ireneo, l'uomo è plasmato dall'immagine di Dio, ovvero di Cristo perchè è creato in conformità (κατά) all'immagine che il Verbo assumerà in futuro nella carne:

> Nei tempi passati si diceva bensì che l'uomo è stato fatto a (κατά) immagine di Dio, ma non appariva tale, perchè era ancora

---

scritti, p. 466.

179 IRENEO, *Dimostrazione della predicazione apostolica* 22. Ed. crit. A. ROUSSEAU, *Irénée de Lyon. Démonstration de la prédication apostolique*, Paris 1995, p. 114. Trad. di E. BELLINI, *Ireneo di Lione. Contro le eresie e gli altri scritti*, p. 497.

180 *Ibidem*

invisibile il Verbo, ad immagine del quale l'uomo era stato fatto: (...). Ma quando il Verbo di Dio si fece carne (...) mostrò veramente l'immagine.[181]

Quindi pare che l'autore dell'*A Diogneto* si muova nell'ambito della teologia ireneana, dove il prototipo non è come per gli gnostici un'entità celeste ma una realtà che diviene storica: il Verbo stesso nel seno del Padre era in procinto di divenire uomo per rendere visibile e concreta l'immagine di Dio nell'uomo. Verosimilmente per l'autore dell'*A Diogneto* Dio plasma l'uomo dalla (ἐκ) Sua immagine, ossia dal Verbo che assumerà in futuro carne umana nel seno di Maria.

In modo particolare Tertulliano rende esplicito il fatto che Dio ha creato l'uomo a immagine di Colui che ha impresso la Sua caratteristica nel plasma, ossia a immagine del futuro Verbo incarnato:

> Infatti tutto ciò che il fango veniva esprimendo, era pensato Cristo, uomo futuro, cioè anche fango, precisamente il Verbo incarnato, che allora era anche terra.[182]

L'autore dell'*A Diogneto* ci fa comprendere, come Tertulliano, che l'uomo plasmato dal limo della terra è immagine del Figlio che diverrà uomo:

---

[181] IRENEO, *Contro le eresie* V,16,2. Ed. crit. A. ROUSSEAU-L. DOUTRELEAU-Ch. MERCIER, *Irénée de Lyon. Contre les hérésies*, p. 217. Trad. di E. BELLINI, *Ireneo di Lione. Contro le eresie e gli altri scritti*, p. 442.
[182] TERTULLIANO, *La resurrezione dei morti* 6,11-13. Ed. crit. E. EVANS, *Tertullian's treatise on the Resurrection*, London 1960, p. 18.

> Il Figlio, il quale, dovendo poi essere l'uomo più perfetto e più vero, fece sì, che la sua immagine fosse chiamata uomo che in quel momento si doveva formare dalla creta: egli che è l'immagine e la somiglianza del vero.[183]

Pertanto l'autore dell'*A Diogneto*, rifacendosi probabilmente alla teologia asiatica della plasmazione dell'uomo a immagine della futura incarnazione del Verbo, sembra dedurre, come afferma Tertulliano, che l'immagine originaria nell'uomo è il Verbo che da invisibile si renderà visibile nella pienezza dei tempi assumendo carne umana:

> il creatore, infatti, contemplando Cristo, che sarebbe stato uomo, disse: "Facciamo l'uomo a immagine e somiglianza nostra.[184]

Allo stesso modo di Ireneo e di Tertulliano, per l'autore dell'*A Diogneto*, quindi, l'immagine originaria sembra risiedere nel Verbo. Il Verbo è l'archetipo per il fatto che l'uomo è stato plasmato a immagine del Verbo che doveva prendere corpo nel plasma, assunto fin dalla nascita nel seno di Maria ad opera dello Spirito Santo.

---

183 TERTULLIANO, *Contro Prassea* 12,4. Ed. crit. e trad. di G. SCARPAT, *Q.S.F. Tertulliano. Contro Prassea,* Torino 1985, p. 173.

184 TERTULLIANO, *Contro Marcione* 5,8,1. Ed. crit. A. HROYMANN, *Corpus christianorum. Series latina, I, Tertullianus. Opera Catholica, Adversus Marcionem,* Turnholti-Brepols 1974, p. 685. Trad. di C. MORESCHINI, *Opere scelte di Quinto Settimio Florente Tertulliano,* Torino 1974, p. 657.

2.8. "AI QUALI (UOMINI) MANDO' SUO FIGLIO UNIGENITO"
(πρὸς οὓς ἀπέστειλε τὸν υἱὸν αὐτοῦ τὸν μονογενῆ)

2.8.1. Dall'antropologia alla soteriologia

L'autore dell'*A Diogneto*, nel settimo *komma* di 10,2, dall'evento creazionale passa all'evento salvifico con la venuta del Verbo. La proposizione principale di 10,2 introduce, nei primi sei *kommata*, il concetto della creazione a cui segue, nel settimo *komma*, il tema della redenzione. L'autore dell'*A Diogneto* si pone in linea con Giovanni che rende esplicito l'amore di Dio per gli uomini con l'incarnazione del Figlio:

Da questo abbiamo conosciuto l'amore: Egli ha dato la sua vita per noi; quindi anche noi dobbiamo dare la vita per i fratelli (Gv 3,16).

Infatti l'autore dell'*A Diogneto* spiega che l'amore di Dio, introdotto precedentemente nel *kôlon* di 10,2 a proposito della creazione, viene reso manifesto nell'incarnazione del Verbo che dona la salvezza a tutti gli uomini. Pertanto i primi sei *kommata* relativi all'evento creativo sono di inclusione antropologica al settimo *komma*, perchè il Verbo viene a redimere insieme all'uomo tutto quanto Dio stesso ha creato. Per l'autore dell'*A Diogneto* l'evento salvifico è indirizzato principalmente agli uomini (πρὸς οὓς), in particolare all'umanità che Dio ha creato, dal momento che la venuta del Verbo è susseguente alla plasmazione dell'uomo secondo l'immagine di Dio.

2.8.2. La missione del Figlio

L'autore dell'*A Diogneto*, nel settimo *komma* di 10,2, adopera il verbo ἀπέστειλε per indicare la venuta del Figlio nella carne. Tale verbo ricorre anche in 11,3 per significare la venuta storica del Figlio che concretamente si rende visibile nel mondo: "*Per questa ragione egli inviò* (ἀπέστειλε) *il Logos, perché apparisse al mondo*".[185] Allo stesso modo Giovanni impiega tale voce verbale per rendere credibile storicamente l'evento salvifico del Verbo, che si manifesta al mondo perchè il mondo abbia la vita:

> In questo si è manifestato l'amore di Dio per noi: Dio ha mandato (ἀπέσταλκεν) il suo unigenito Figlio nel mondo, perchè noi avessimo la vita per lui (1Gv 4,9).

Nell'*A Diogneto* il motivo dell'incarnazione del Verbo, che viene posticipato rispetto al sesto *komma* dove l'autore descrive la plasmazione dell'uomo a immagine di Dio, sembra confermare che l'uomo è stato plasmato dal Verbo in quanto immagine di Dio, perchè l'uomo divenga a Lui simile. Quindi, per l'autore dell'*A Diogneto*, il Verbo si è fatto uomo perchè l'uomo porti a compimento la propria immagine divenendo come Egli è. Un pensiero simile si trova in Ireneo dove appunto è centrale il motivo dell'incarnazione del Verbo, che ha la funzione di rendere l'uomo partecipe del suo amore e di divenirne figli adottivi, sviluppando l'immagine che il Verbo

---

185 Ed. crit. F. XAVER FUNK-K. BIHLMEYER-M. WHITTAKER, *Die Apostolischen Väter. Griechisch-deutsche Parallelausgabe*, p. 320. Trad. di E. NORELLI, *A Diogneto*, p. 123.

invisibile aveva impresso fin dall'evento creativo:

> fin da principio Dio poteva dare la perfezione all'uomo, ma quello, essendo nato da poco, non era in grado di riceverla o, se l'avesse ricevuta, di contenerla o, se l'avesse contenuta, di custodirla. Per questo il Verbo di Dio, che era perfetto, si fece infante con l'uomo, non per se stesso ma per l'infanzia dell'uomo, e fu compreso così come l'uomo era capace di comprenderlo.[186]

Anche l'apologista Teofilo, contemporaneo dell'autore dell'*A Diogneto*, avverte che la causa dell'incarnazione del Verbo è la debolezza dell'umanità che, paragonata a un bambino, non può assimilarsi a Dio se non attraverso la mediazione del Verbo:

> Ma per la sua età reale proprio Adamo era ancora un bambino: per questo non ancora poté comprendere convenientemente la scienza. Infatti anche oggi quando un bambino è già nato, non può mangiare subito il pane, ma si nutre dapprima di latte, in seguito con lo sviluppo dell'età prende il nutrimento solido.[187]

Come in Teofilo, probabilmente anche per l'autore dell'*A Diogneto* il Verbo, assumendo la carne, ha dato all'uomo la possibilità di conoscere Dio. Dunque

---

[186] IRENEO, *Contro le eresie* IV,38,2. Ed. crit. A. ROUSSEAU-B. HEMMERDINGER-L. DOUTRELEAU-Ch. MERCIER, *Irénée de Lyon. Contre les hérésies*, Paris 1965, Sch 100, p. 951. Trad. di E. BELLINI, *Ireneo di Lione. Contro le eresie e gli altri scritti*, p. 399.

[187] TEOFILO di Antiochia, *ad Autolico* 2,25. Ed. crit. M. MARCOVICH, *Tatiani. Oratio ad Graecos. Theophili Antiocheni, ad Autolycum*, p. 74.

indipendentemente dal peccato dell'uomo, per Ireneo, il Verbo avrebbe preso carne umana per condurre l'uomo progressivamente alla conoscenza piena di Dio:

> quando il Verbo di Dio si fece carne (...) mostrò veramente l'immagine, divenendo egli stesso ciò che era la sua immagine, e ristabilì saldamente la somiglianza, rendendo l'uomo simile al Padre invisibile attraverso il Verbo che si vede.[188]

Nella stessa prospettiva ireneana si muove l'autore dell'*A Diogneto* dove appunto, a prescindere dal peccato, il Verbo assume la carne per rendere vera l'immagine di Dio impressa nell'uomo fin dalla creazione, al fine di poter conciliare l'uomo a Dio attraverso l'evento incarnazionale del Verbo che unifica l'uomo a Dio.

2.8.3. *Figli nel Figlio*

L'autore dell'*A Diogneto*, nel settimo *komma* di 10,2, afferma che i destinatari ($πρὸς$ $οὓς$) della venuta del Figlio sono gli uomini plasmati a immagine di Dio che si è fatto uomo nel Figlio, per mezzo del quale viene confermata che la plasmazione dell'uomo è a immagine del Verbo. Per capire il pensiero dell'autore dell'*A Diogneto*, è opportuno considerare la riflessione di Clemente Alessandrino, secondo il quale l'uomo non può pervenire alla salvezza se non nel Figlio perchè

---

188 IRENEO, *Contro le eresie* V,16,2. Ed. crit. A. ROUSSEAU-L. DOUTRELEAU-Ch. MERCIER, *Irénée de Lyon. Contre les hérésies*, p. 217. Trad. di E. BELLINI, *Ireneo di Lione. Contro le eresie e gli altri scritti*, p. 442.

per natura l'uomo non è un dio, ma può diventare simile a Dio:

> Ebbene, essi si sentiranno rispondere da noi che (Adamo) non nacque perfetto nella sua costituzione, ma atto ad accogliere la virtù; ed importa non poco, riguardo la virtù, essere atti al suo acquisto.[189]

L'autore dell'*A Diogneto* non fa menzione della somiglianza, ma è implicito il suo riferimento ad essa, perchè dall'immagine impressa dal Verbo fin dalla creazione del mondo, ne consegue che l'uomo progredisce verso la somiglianza nell'esercizio pieno della sua libertà imitando il Verbo incarnato. A tal riguardo Ireneo ci serve a chiarire la teologia dell'*A Diogneto* perchè solo attraverso il dono dello Spirito Santo, l'uomo ha la possibilità di diventare figlio di Dio:

> Per questo appunto il Verbo si fece uomo e il Figlio di Dio si fece Figlio dell'uomo, affinché l'uomo, mescolandosi al Verbo di Dio e ricevendo l'adozione filiale, diventi figlio di Dio.[190]

Nell'*A Diogneto*, quindi, è implicito il motivo della somiglianza, alla quale l'uomo arriva perchè, dall'effigie ricevuta durante la sua plasmazione, egli

---

[189] CLEMENTE ALESSANDRINO, *Stromati* VI,12,96,2. Ed. crit. O. STÄHLIN, *Clemens Alexandrinus. Stromata I-VI*, vol. 2, Berlin 1960, p. 480. Trad. di G. PINI, *Clemente Alessandrino. Stromati, note di vera filosofia*, Milano 1985, p. 725.

[190] IRENEO, *Contro le eresie* III,19,1. Ed. crit. A. ROUSSEAU-L. DOUTRELEAU, *Irénée de Lyon. Contre les hérésies*, Paris 2002, p. 374. Trad. di E. BELLINI, *Ireneo di Lione. Contro le eresie e gli altri scritti*, p. 278.

cresca progressivamente attraverso il dono dello Spirito fino a divinizzarsi, come sostiene Ignazio di Antiochia: "*È necessario per voi trovarvi nella inseparabile unità per essere sempre partecipi di Dio*".[191] Secondo Ireneo l'uomo, creato a immagine di Dio, progredisce verso la somiglianza piena con Dio man mano che coltiva il suo interesse verso le cose spirituali, impegnandosi a conoscere il Verbo mediante l'accettazione dello Spirito che lo trasforma interiormente fino a renderlo simile a Dio:

> Ora questo si mostrò vero allorquando il Verbo di Dio si fece uomo, rendendo se stesso simile all'uomo e l'uomo simile a sé, affinché, attraverso la somiglianza con il Figlio, l'uomo divenga prezioso di fronte al Padre.[192]

Pertanto l'autore dell'*A Diogneto* sembra seguire implicitamente la teologia asiatica di Ireneo secondo il quale il Verbo, divenendo uomo, dà la possibilità all'uomo di progredire verso la somiglianza del Padre: somiglianza che il Verbo comunica col dono dello Spirito mediante il quale l'uomo tende a partecipare della vita divina e, quindi, ad assimilarsi a Dio, sviluppando e portando a compimento l'immagine del Verbo impressa nell'uomo fin dalla sua origine.

---

191 IGNAZIO di Antiochia, *Lettera agli Efesini* 4,2. Ed. crit. F. XAVER FUNK-K. BIHLMEYER-M. WHITTAKER, *Die Apostolischen Väter. Griechisch-deutsche Parallelausgabe*, p. 182. Trad. di A. QUACQUARELLI, *I Padri apostolici*, Roma 1998, p. 101.
192 IRENEO, *Contro le eresie* V,16,2. Ed. crit. A. ROUSSEAU-L. DOUTRELEAU-Ch. MERCIER, *Irénée de Lyon. Contre les hérésies*, p. 217. Trad. di E. BELLINI, *Ireneo di Lione. Contro le eresie e gli altri scritti*, p. 442.

L'autore dell'*A Diogneto*, quindi, posticipando in 10,2 la venuta del Verbo all'immagine impressa da Lui fin dall'inizio dei tempi, probabilmente vuole indicare che il Verbo è il modello che l'uomo deve imitare per pervenire alla somiglianza di Dio. È implicito nell'*A Diogneto* che il Figlio si è incarnato per dare la possibilità all'uomo di pervenire alla vita divina: in tal modo l'uomo, credendo alla venuta del Verbo e ai suoi insegnamenti, tende a divenire simile a Dio per il fatto che l'immagine reca l'impronta di una umanità chiamata da Dio a vivere in comunione con Lui, come Panteghini afferma chiaramente:

> La partecipazione alla vita divina non va intesa in modo statico: è realtà donata all'uomo fin dall'inizio, ma è anche compito, vocazione a crescere dalla immagine alla somiglianza.[193]

L'autore dell'*A Diogneto*, dunque, fa intuire che la natura umana rechi in sé l'impronta della chiamata di Dio alla salvezza, resa possibile dall'incarnazione del Verbo per mezzo del quale l'uomo, cooperando con la grazia divina, porta a compimento questa sua vocazione nel partecipare alla vita di Dio; in tal modo egli realizza la somiglianza con Dio, diventando conseguentemente figlio nel Figlio.

---

193 G. PANTEGHINI, *L'uomo alla luce di Cristo*, Padova 1990, p. 170.

2.9. "AI QUALI (UOMINI) PROMISE IL REGNO CHE È IN CIELO"
(οἷς τὴν ἐν οὐρανῷ βασιλείαν ἐπηγγείλατο)

2.9.1. Dalla soteriologia all'escatologia

L'autore dell'*A Diogneto*, negli ultimi due *kommata* di 10,2, ricapitola tutto quanto è stato detto nei precedenti *kommata* a proposito della creazione di Dio e della salvezza, apportata dal Verbo; eventi che hanno il loro naturale compimento in quello escatologico: il regno definitivo verrà dato da Dio a coloro che hanno cooperato all'amore di Dio; a coloro, quindi, che si sono sottoposti ed hanno riconosciuto la regalità del Padre e del Figlio in ordine al loro atto creativo e che hanno fedelmente creduto alla redenzione operata dal Verbo nell'evento incarnazionale. Pertanto nell'*A Diogneto* l'amore, che nel *kôlon* introduttivo viene riferito alla creazione e, conseguentemente, reso concreto nell'incarnazione del Figlio, viene definitivamente conosciuto nella visione beatifica, dove appunto i fedeli contemplano faccia a faccia il volto del Padre e del Figlio nella dimora celeste. L'autore dell'*A Diogneto*, quindi, dalla manifestazione concreta dell'amore ad opera dell'incarnazione del Figlio passa, nel nono *komma*, alla manifestazione celeste dell'Amore nel regno futuro per coloro che Lo hanno amato durante la vita terrena. Per l'autore dell'*A Diogneto* l'amore si è reso visibile nel Verbo per dare la possibilità ai credenti di raggiungerLo nella vita beata e di vederLo nella sua ineffabile realtà nel regno dei cieli. Indubbiamente l'autore dell'*A Diogneto* si è ispirato in parte alla letteratura antico-testamentaria in ordine alla realtà stessa di Dio che, in quanto fedele alle sue decisioni, promette il regno e mantiene, come l'autore attesta nell'ottavo *komma*, la promessa, e, in parte, alla letteratura neo-testamentaria, dove appunto è centrale il tema della proclamazione del regno di Dio da parte di Gesù e il suo escatologico compimento nella realtà celeste.

Negli ultimi due *kommata* di 10,2 sono presenti, in particolare, i riflessi della teologia matteana e giovannea sia nei riguardi della realtà oggettiva del regno che ha la sua sede in cielo, sia nei riguardi della realtà soggettiva del regno che verrà dato a coloro che hanno amato il Verbo, e dunque a coloro che hanno riconosciuto la venuta del Verbo. Nell'*A Diogneto*, quindi, il tema della regalità di Dio è connessa all'incarnazione. Infatti, come ci riporta Matteo, Gesù è venuto ad annunciare l'imminenza del regno escatologico: *"Da allora Gesù cominciò a predicare e a dire: convertitevi, perchè il regno dei cieli è vicino"* (Mt 4,17). L'annuncio del regno da parte di Gesù si realizzerà solo con la conversione che comporta, come spiega chiaramente Giovanni, la trasformazione interiore, per cui il cristiano viene rinnovato ad opera dello Spirito che lo induce a credere nella Parola e a vivere il comandamento dell'amore; amore che, in particolar modo per l'autore dell'*A Diogneto*, è la vera garanzia per entrare definitivamente nel regno dei cieli:

> In verità ti dico: se uno non nasce da acqua e

da Spirito, non può entrare nel regno di Dio. Quel che è nato dalla carne è carne e quello che è nato dallo Spirito è Spirito. Non ti meravigliare se t'ho detto che dovete rinascere dall'alto (Gv 3,5-6).

Per Giovanni chi nasce, quindi, dallo Spirito crede nella Parola di Dio che si è fatta dono per la salvezza degli uomini e avrà il dono della vita eterna: *"Chi crede nel Figlio ha la vita eterna, chi non obbedisce al Figlio non vedrà la vita"* (3,36). Nella medesima prospettiva si muove l'autore dell'*A Diogneto*, per il quale chi rivive a sua volta il dono dell'amore che Dio ci ha dato per mezzo del suo Figlio, otterrà il premio della vita eterna alla consumazione finale dei tempi.

2.9.2. Le promesse e il loro compimento

L'autore dell'*A Diogneto*, nell'ottavo *komma* di 10,2, afferma che Dio promise (ἐπηγγείλατο) agli uomini il regno in cielo. Fin dall'antichità la voce verbale ἐπαγγέλλεσθαι, pur mantenendo il fondamentale significato di *"annunziare, promettere"*,[194] non conserva tuttavia una costante armonia tra la parola promessa e l'azione compiuta, ma si avverte sovente, come ci attesta lo storico greco Polibio vissuto tra il 200 e il 118 a.C., la mancata realizzazione della promessa: *"Sono convinto che (gli dei) non vi manterranno affatto le promesse*

---

194 J. SCHNIEWIND - G. FRIEDRICH, ἐπαγγελία, in G. KITTEL-G. FRIEDRICH, *GLNT*, vol. III, Brescia 1967, col. 672.

($ἐπαγγελίας$)".[195] Si avverte, pertanto, un oggettivo contrasto tra l'annuncio della promessa da parte degli dei e il suo non avvenuto compimento nella vita quotidiana di ciascun uomo. Diversamente dagli dei greci che non promettono ciò che dicono, il Dio dell'Antico Testamento, che si rivela nella storia, è il Dio della promessa perchè annuncia al popolo d'Israele il regno di Davide che è ombra, prefigurazione del messianismo regale come ci riporta il profeta Samuele: "*Il Signore ti prometterà ($ἐπαγγέλει$) che gli edificherà una casa*" (*2Sam 7,11*). La promessa di una discendenza stabile, che Dio ha rivolto a Davide, ha raggiunto in futuro la pienezza del suo compimento nella figura di Gesù Cristo come ci narra Luca:

> Dalla discendenza di lui, secondo la promessa ($ἐπαγγελίαν$), Dio trasse per Israele un salvatore, Gesù (At 13,23).

Allo stesso modo ad Abramo, Dio ha dato la promessa della salvezza messianica prefigurata, secondo quanto ci riporta l'anonimo autore, nella salvezza di Isacco che, messo alla prova per volontà di Dio dal Padre, prefigura Cristo:

> Per fede Abramo, messo alla prova, offrì Isacco e proprio lui, che aveva ricevuto le promesse ($ἐπαγγελίας$), offrì il suo unico Figlio, del quale era stato detto: in Isacco avrai una discendenza che porterà il tuo nome (Eb 11,17-18).

Quindi Dio dà le promesse ad Abramo e a Davide e

---

195 POLIBIO, *Storie* III,111,10. Ed. crit. J. DE FOUCAULT, *Polybe. Histoires*, t. 3, Paris 1971, p. 175.

le porta a compimento nell'unica grande salvezza messianica che si realizza con la venuta del Verbo nella carne. Le promesse antico-testamentarie si sono realizzate con la venuta del Verbo nella carne, il quale, in qualità di erede, è annunciatore, come ci attesta Matteo, del regno futuro: *"Beati i poveri in spirito, perchè di essi è il regno dei cieli"* (5,3). Analogamente a Matteo, l'autore dell'*A Diogneto* si avvale della voce verbale $\dot{\epsilon}\pi\eta\gamma\gamma\epsilon i\lambda\alpha\tau o$ per esprimere che Gesù annuncia il regno che si manifesterà in pienezza alla fine dei tempi: *"Quando il Figlio dell'uomo verrà nella sua gloria con tutti i suoi angeli, si siederà sul trono della sua gloria"*. (Mt 25,31).

Così l'autore dell'*A Diogneto*, nell'ottavo *komma* di 10,2, si pone sulla linea neo-testamentaria della promessa dove appunto il Verbo incarnato, che è il realizzatore delle promesse antico-testamentarie, promette, in qualità di annunciatore, la salvezza futura. In particolar modo Paolo ci chiarisce il pensiero dell'autore dell'*A Diogneto*, evidenziando che la promessa della salvezza finale, annunciata da Cristo, ha come oggetto il mondo futuro: *"Avete solo bisogno di costanza, perchè dopo aver fatto la volontà di Dio, possiate raggiungere la promessa ($\dot{\epsilon}\pi\alpha\gamma\gamma\epsilon\lambda i\alpha\nu$)"* (Eb 10,36). Pertanto l'autore dell'*A Diogneto*, posticipando il tema della promessa alla incarnazione del Verbo, riprende dalla letteratura biblica, in particolare neo-testamentaria, attraverso il verbo $\dot{\epsilon}\pi\eta\gamma\gamma\epsilon i\lambda\alpha\tau o$, il concetto della promessa escatologica. Promessa che, come esprime bene Giovanni, acquista un senso assoluto perchè è la promessa della vita eterna che sarà data definitivamente a coloro che hanno creduto nella Parola fattasi carne:

> Se rimane in voi quel che avete udito da principio, anche voi rimarrete nel Figlio e nel Padre. E questa è la promessa (ἐπαγγελία) che Egli vi ha annunciato (ἐπηγγείλατο), la vita eterna (1Gv 2,24-26).

Quindi nell'*A Diogneto* la promessa escatologica, annunziata dal Verbo dopo la sua incarnazione che è il compimento delle antiche promesse, attesta che Egli, in quanto realizzatore delle promesse profetiche, ne è il continuatore perchè annuncia la grande promessa futura della salvezza finale che si compirà nel regno escatologico, come si esprime l'autore della *Lettera agli Ebrei*:

> Nella fede morirono tutti costoro, pur non avendo conseguito le promesse (ἐπαγγελίας), ma avendole solo vedute e salutate da lontano, dichiarando di essere stranieri e pellegrini sopra la terra (11,13-14).

Sulla base della tradizione neo-testamentaria l'autore dell'*A Diogneto* fa intuire al suo interlocutore che Gesù, in quanto realizzatore delle promesse, è l'annunciatore della promessa escatologica; per questo motivo Gesù predica la imminente venuta del regno che, realizzato nella prima parusia, vedrà la sua escatologica realizzazione nell'evento futuro. Anche Clemente Alessandrino pone l'accento sul carattere divino della promessa, dove appunto Gesù si è fatto battezzare da Giovanni per portare a compimento e completare la giustizia di Dio:

> Ma se era perfetto, perchè è stato battezzato? Risponderanno forse: Doveva compiersi la promessa (ἐπάγγελμα) annunciata all'umanità.[196]

Pertanto nell'*A Diogneto* la promessa di Dio assume un carattere presente e futuro: presente perchè Gesù predica la salvezza futura in questo tempo, tempo in cui, come sostiene lo pseudo-Barnaba, i cristiani ripongono la fede nella Buona Novella che è anticipazione di quella futura: "*Così anche noi, vivificati dalla fede nella promessa (ἐπαγγελίας) e dalla Parola, vivremo dominando la terra*".[197] Nell'*A Diogneto* la promessa assume anche un carattere futuro perchè i cristiani, rigenerati dalla Parola di Dio, attendono la realizzazione definitiva della promessa che, come afferma lo pseudo-Clemente, è apportatrice di gioia:

> Alcuni adducono timori umani preferendo piuttosto il piacere quaggiù che la promessa (ἐπαγγελίαν) futura. 4. Non sanno quale tormento procuri il piacere quaggiù e quale gioia, invece, sia la promessa (ἐπαγγελία) futura.[198]

---

196 CLEMENTE ALESSANDRINO, *Pedagogo* 1,6,25,3. Ed. crit. H.I. MARROU-M. HARL, *Clément d'Alexandrie. Le Pédagogue*, Paris 1960, p. 158. Trad. di D. TESSORE, *Clemente Alessandrino. Il Pedagogo*, Roma 2005, p. 59.

197 Ps. BARNABA, *Epistola* 6,17. Ed. crit. F. XAVER FUNK-K. BIHLMEYER-M. WHITTAKER, *Die Apostolischen Väter. Griechisch-deutsche Parallelausgabe*, p. 42. Trad. di F.S. BARCELLONA, *Epistola di Barnaba*, Torino 1975, p. 95.

198 Ps. CLEMENTE, *Lettera ai Corinti* II,10,3-4. Ed. Crit. F. XAVER FUNK-K. BIHLMEYER-M. WHITTAKER, *Die Apostolischen Väter.*

2.9.3. *Il regno*

L'autore dell'*A Diogneto*, nell'ottavo *komma* di 10,2, afferma che Dio promise agli uomini il regno ($\beta\alpha\sigma\iota\lambda\varepsilon\iota\alpha\nu$) in cielo ($\dot\varepsilon\nu\ o\dot\upsilon\rho\alpha\nu\tilde\omega$). Il termine $\beta\alpha\sigma\iota\lambda\varepsilon\iota\alpha$ ha origini abbastanza remote: fin dagli scritti più antichi, risalenti all'alleanza di Dio col popolo di Israele, l'espressione stava ad indicare fondamentalmente la regalità cosmica di Jahvé che regna sul suo popolo in forza delle Sue promesse, come fedelmente afferma l'autore del Libro dell'Esodo: "*Voi sarete per me un regno($\beta\alpha\sigma\iota\lambda\varepsilon\iota o\nu$) di sacerdoti e una nazione santa*" (19,6). Sempre nel Libro dell'Esodo, dove appunto l'autore spiega la storia del cammino del popolo di Israele nel deserto sotto la guida di Dio, il termine $\beta\alpha\sigma\iota\lambda\varepsilon\iota\alpha$ designa la presenza sovrana di Dio che è vicino al suo popolo e lo protegge: "*Il Signore regna ($\beta\alpha\sigma\iota\lambda\varepsilon\acute\upsilon\omega\nu$) in eterno e per sempre*" (Es 15,18). La regalità di Dio, quindi, nell'Antico Testamento fino alla letteratura apocalittica assume un imminente significato storico-salvifico perchè Dio agisce a favore del suo popolo, liberandolo da qualsiasi forma di oppressione.

A partire dalla letteratura apocalittica, che si è diffusa in ambito giudaico due secoli prima della nascita del Messia, la regalità di Dio assume, invece, un carattere fortemente escatologico, in cui viene messo in rilievo, sulla base di una esasperata credenza nell'eone futuro, la assoluta trascendenza del regno celeste, come emerge chiaramente dal libro del profeta Daniele:

Griechisch-deutsche Parallelausgabe, p. 162. Trad. di A. QUACQUARELLI, *I Padri apostolici*, p. 227.

Il Dio del cielo farà sorgere un regno (βασιλείαν) che non sarà mai distrutto e non sarà trasmesso ad altro popolo: stritolerà e annienterà tutti gli altri regni, mentre esso durerà per sempre (2,44).

Nel Libro di Daniele si delinea il carattere escatologico del regno celeste che è incorruttibile ed eterno: "*Il suo potere è un potere eterno, che non tramonta mai, e il suo regno (βασιλεία) è tale che non sarà mai distrutto*" (7,14). Anche nel Deutero-Isaia il regno viene considerato come un mondo superiore a quello terreno, dove appunto il profeta annuncia la nuova Gerusalemme celeste:

Alzate al cielo i vostri occhi e guardate la terra di sotto, poiché i cieli (οὐρανοί) si dissolveranno come fumo, la terra si logorerà come una veste (51,6).

L'autore dell'*A Diogneto* si pone in linea con la concezione escatologica del regno propria del genere apocalittico perchè afferma in 10,2 che il regno escatologico ha la sua dimora in cielo (ἐν οὐρανῷ). L'autore dell'*A Diogneto* si serve della immagine del cielo per indicare, come in Daniele, la qualità soprannaturale del regno futuro che si identifica nella gloria di Dio: "*Guardando ancora nelle visioni notturne, ecco apparire sulle nubi del cielo, uno, simile ad un figlio d'uomo*" (7,13). Il salmista impiega l'accezione ἐν οὐρανῷ per esprimere, come in *A Diogneto* 10,2, il luogo soprannaturale, in cui Dio esercita la Sua potestà regale, che è al di sopra di tutti i regni terreni: "*In eterno durerà la sua discendenza, il suo trono davanti a me quanto il sole, sempre saldo come la luna, testimone fedele nel cielo (ἐν οὐρανῷ)"* (89,37-38).

In 6,8 l'autore dell'*A Diogneto* rileva, mediante l'espressione *ἐν οὐρανοῖς*, che l'elemento escatologico del regno, di natura incorruttibile, è atteso dagli uomini perchè essi stessi possano essere introdotti nel regno eterno: *"Attendendo l'incorruttibilità che è in cielo (ἐν οὐρανοῖς)"*.[199] Il regno, quindi, nell'*A Diogneto*, è una realtà eminentemente escatologica, in cui il cristiano tende di essere trasferito: in cielo il cristiano vede la gloria di Dio, come sottolinea il salmista:

> Mi guiderai con il tuo consiglio e poi mi accoglierai nella tua gloria. Chi altri avrò per me in cielo (ἐν οὐρανῷ)? (73,24-25).

Nell'*A Diogneto*, quindi, l'accezione *ἐν οὐρανῷ* di 10,2 si riferisce, in sintonia col Salmo 73,24, all'esistenza di un regno celeste in cui, come sostiene Rad, l'uomo *"è trasferito in uno stato di permanente vicinanza a Dio* (Gen 5,24) (Sal 73,24)".[200] In particolar modo la traccia giudeo-ellenistica del regno celeste, profetizzato da Daniele e da Isaia, si riscontra anche nella lettera pseudo-paolina: precisamente nella Lettera a Timoteo, l'autore esprime la sua fede nella convinzione del regno celeste in cui aspira ad andare, certo di essere ivi liberato dalle angustie del secolo: *"Il*

---

[199] Ed. crit. F. XAVER FUNK-K. BIHLMEYER-M. WHITTAKER, *Die Apostolischen Väter. Griechisch-deutsche Parallelausgabe*, p. 314. Trad. Di E. NORELLI, *A Diogneto*, p. 96.

[200] G.von RAD, οὐρανός, in G. KITTEL-G. FRIEDRICH, *GLNT*, vol. VIII, Brescia 1967, col. 1418.

Signore mi libererà da ogni male e mi salverà per il suo regno (βασιλεί αν) celeste (ἐπουράνιον)" (2Tm 4,18). Emerge, come in *A Diogneto* 10,2, la concezione di un regno particolarmente spirituale; si tratta di un regno che ha una natura fortemente escatologica, posto al di là del regno terreno; è una concezione del regno modificata rispetto alla regalità cosmica di Dio annunciata dal Verbo. Infatti al centro della predicazione del Messia sta il fatto che il regno di Dio è vicino perchè Dio ristabilisca la sua regalità sul mondo intero mediante il ritorno glorioso del Cristo, come ci riporta per bocca di Gesù Matteo: *"Vi sono alcuni tra i presenti che non morranno finché non vedranno il Figlio dell'uomo venire nel suo regno"* (16,28). In 10,7 l'autore dell'*A Diogneto* spiega, invece, alla luce di 10,2, che il cristiano è tutto teso a proiettarsi nel regno celeste in cui dimora Dio nella sua gloria: *"Allora rimanendo sulla terra contemplerai che Dio abita nei cieli (ἐν οὐρανοῖς)"*. Sempre in 10,7 l'autore dell'*A Diogneto* ribadisce che la vita celeste è il traguardo che il cristiano desidera raggiungere: *"Allora condannerai l'inganno del mondo e il suo errore, quando conoscerai la vera vita in cielo (ἐν οὐρανῷ)"*.[201] Per poter capire il pensiero dell'autore dell'*A Diogneto* riguardo alla natura del regno nel contesto immediato di 10,2, è bene riferirsi al pensiero paolino in cui viene messa in rilievo l'identità celeste del regno futuro posto in una realtà

---

201 Ed. crit. F. XAVER FUNK-K. BIHLMEYER-M. WHITTAKER, *Die Apostolischen Väter. Griechisch-deutsche Parallelausgabe*, p. 320. Trad. di E. NORELLI, *A Diogneto*, p. 118.

atemporalmente indefinita, dove il cristiano aspira ad entrare per poter unirsi definitivamente a Dio: "*Ora invece essi aspirano a una migliore, cioè a quella celeste (ἐπουρανίου)*" (Eb 11,16). In maniera decisiva anche l'apostolo Pietro, impregnato di cultura ellenistica si riferisce, come nell'*A Diogneto*, al regno escatologico e spiega che il regno si identifica nella gloria celeste che i cristiani anelano raggiungere: "*Così infatti vi sarà ampiamente aperto l'ingresso nel regno (βασιλείαν) eterno del Signore nostro e salvatore Gesù Cristo*" (2Pt 1,11). Come l'autore dell'*A Diogneto* anche l'apologista Giustino allude alla tradizione apocalittica vetero-testamentaria del regno celeste a cui il cristiano aspira ad unirsi definitivamente:

> E voi, sentito dire che noi attendiamo un regno (βασιλείαν), senza riflessione avete supposto che parlassimo di un regno umano, mentre parliamo di quello divino.[202]

Giustino, in sintonia con l'autore dell'*A Diogneto*, concepisce il regno come il luogo in cui i fedeli vengono trasportati da Dio nell'immortalità e nella pace eterna:

> (Dio) stabilirà gli uni – incorruttibili, immortali, senza affanni – nel regno eterno indissolubile, mentre manderà gli altri nell'eterna punizione del fuoco.[203]

---

[202] GIUSTINO, *Apologia* 1,11,1. Ed. crit. M. MARCOVICH, *Iustini martyris. Apologiae pro christianis*, p. 47. Trad. di A.R. RACCONE, *S. Giustino. Le due Apologie*, Milano 2004, p. 53.

[203] GIUSTINO, *Dialogo con Trifone* 117,3. Ed. crit. M. MARCOVICH, *Iustini martyris. Dialogus cum Tryphone*, p. 272. Trad. di G. VISONÀ,

Allo stesso modo Erma delinea il regno come una realtà escatologica alla quale possono accedere i salvati: *"Per questo ci fu una porta nuova, perchè quelli che devono salvarsi entrino nel regno (βασιλείαν) di Dio attraverso di essa"*.[204]

L'autore dell'*A Diogneto* in 9,1 afferma che il regno di Dio è anche una realtà presente, alla quale il cristiano può aderirvi attraverso il dono dello Spirito:

> dopo aver manifestato l'incapacità, da parte nostra, di entrare nel regno (βασιλείαν) di Dio, ne divenissimo capaci grazie alla potenza di Dio.[205]

Probabilmente l'autore dell'*A Diogneto* si riferisce al regno attuale predicato da Gesù che è presente, secondo la testimonianza di Matteo, con l'avvento della sua persona: *"Ma se io scaccio i demoni per virtù dello Spirito di Dio, è certo giunto fra voi il regno di Dio"* (12,28). Sebbene il regno sia visibile con la venuta del Verbo nel tempo presente, il cristiano non può accedervi, secondo l'autore dell'*A Diogneto*, se non attraverso il dono dello Spirito.

È implicito, dunque, per l'autore dell'*A Diogneto*, il riferimento alla conversione secondo la quale il cristiano, attraverso il battesimo di pentimento, inizia una nuova vita, come rileva l'apostolo Paolo:

Dialogo con Trifone, p. 336.

204 ERMA, *Pastore. Similitudini*, 9,12,3. Ed. crit. F. XAVER FUNK-K. BIHLMEYER-M. WHITTAKER, *Die Apostolischen Väter. Griechisch-deutsche Parallelausgabe*, p. 504. Trad. di A. QUACQUARELLI, *I Padri apostolici*, p. 327.

205 Ed. crit. F. XAVER FUNK-K. BIHLMEYER-M. WHITTAKER, *Die Apostolischen Väter. Griechisch-deutsche Parallelausgabe*, pp. 316-318. Trad. di E. NORELLI, *A Diogneto*, p. 118.

> Per mezzo del battesimo siamo dunque stati sepolti insieme a lui nella morte, perchè come Cristo fu risuscitato dai morti per mezzo della gloria del Padre, così anche noi possiamo camminare in una vita nuova (Rm 6,4).

Attraverso il battesimo il cristiano viene rigenerato dallo Spirito e, per l'autore dell'*A Diogneto*, egli può entrare nel regno di Dio. Un pensiero simile viene espresso da Giovanni, dove appunto il regno di Dio viene identificato con la vita eterna che il cristiano, nel tempo presente, può raggiungere col dono dello Spirito: "*In verità, ti dico, se uno non nasce da acqua e da Spirito, non può entrare nel regno di Dio ($βασιλείαν\ τοῦ\ θεοῦ$)*" (Gv 3,5). L'autore dell'*A Diogneto* in 9,1 allude alla rinascita del cristiano per opera dello Spirito che lo fa diventare figlio adottivo e, dunque, capace di godere, in senso incoativo, la vita eterna anticipata nel tempo presente. Nella Prima Lettera Giovanni spiega che il regno di Dio posto sulla terra è per il cristiano l'inizio di quello stato di pienezza che avrà il suo compimento nella vita eterna: "*Carissimi, noi fin d'ora siamo figli di Dio, ma ciò che saremo non è stato ancora rivelato*" (3,2). In tal senso, quindi, per l'autore dell'*A Diogneto*, il cristiano si divinizza divenendo figlio di Dio e, in quanto tale, partecipa degnamente della vita divina. Il cristiano, dunque, per l'autore dell'*A Diogneto*, rigenerato dallo Spirito, vive già nel tempo presente la vita eterna perchè, come afferma Ignazio, vescovo di Antiochia, è interamente votato a servire Dio: "*Il cristiano non vive* *per sé, ma è a servizio di Dio. Quest'opera è di Dio e anche vostra quando l'avrete compiuta"*.[206] In 5,9 infatti l'autore dimostra a Diogneto il carattere dinamico del regno in quanto afferma che *"passano la vita sulla terra, ma sono cittadini del cielo (ἐν οὐρανῷ)"*.[207]

Il regno di Dio è, dunque, per l'autore dell'*A Diogneto*, una realtà che si realizza nel tempo presente, in cui il cristiano partecipa ma non pienamente perchè, come afferma Gesù nella parabola del seme, tramandataci da Marco, il regno è una realtà dinamica in quanto si sviluppa nel tempo fino al compimento finale:

> Il regno di Dio è come un uomo che getta il seme nella terra; dorma o vegli di notte o di giorno, il seme germoglia e cresce (4,26-27).

A tal proposito il regno si configura come una realtà in via di realizzazione perchè il cristiano anela unirsi definitivamente a Dio nel regno escatologico, come del resto intuisce bene lo Jossa: *"Vive nel corruttibile aspettando la incorruttibilità ed è nel mondo come un prigioniero in attesa della liberazione"*.[208] Ma non è da escludere pertanto l'opinione di Meecham, secondo cui nell'*A Diogneto* l'escatologia è di tipo *"realizzato"*,[209]

---

[206] IGNAZIO di Antiochia, *a Policarpo* 7,3. Ed. crit. F. XAVER FUNK-K. BIHLMEYER-M. WHITTAKER, *Die Apostolischen Väter. Griechisch-deutsche Parallelausgabe*, p. 240. Trad. di A. QUACQUARELLI, *I Padri apostolici*, p. 142.

[207] Ed. crit. F. XAVER FUNK-K. BIHLMEYER-M. WHITTAKER, *Die Apostolischen Väter. Griechisch-deutsche Parallelausgabe*, p. 312. Trad. di E. NORELLI, *A Diogneto*, p. 89.

[208] G. JOSSA, *Melitone*, p. 97.

[209] H.G. MEECHAM, *The Epistle to Diognetus*, Manchester 1949, p. 41.

perchè il regno è realtà presente sebbene ancora non pienamente rivelatasi nella sua gloria futura.

2.10. "E LO DARA' A COLORO CHE LO AVRANNO AMATO"
(καὶ δώσει τοῖς ἀγαπήσασιν αὐτόν)

2.10.1. Il dono definitivo di Dio

L'autore dell'*A Diogneto,* nel nono *komma* di 10,2, afferma che Dio darà (δώσει) il regno celeste. Il futuro del verbo δίδωμι dà alla frase il senso di una risoluta provvidenza da parte di Dio che dà il regno perchè lo ha promesso, annunciandolo attraverso suo Figlio unigenito. Infatti l'autore dell'*A Diogneto* spiega chiaramente che il dono del regno definitivo è immediatamente conseguente alla Sua promessa perchè, nel *komma* precedente, la voce verbale ἐπηγγείλατο, preposta al verbo δώσει nel nono *komma*, viene unita, dall'autore dell'*A Diogneto*, mediante la congiunzione καί. La decisione, dunque, da parte di Dio della venuta di un regno escatologico, per l'autore dell'*A Diogneto*, fonda le sue radici sulla base della promessa del regno che in parte Gesù ha compiuto, perchè il regno ha cominciato ad esistere con la venuta storica del Verbo. In virtù della promessa antico-testamentaria di una salvezza realizzatasi storicamente nel Figlio che annuncia nel tempo presente il regno escatologico, Dio, per l'autore dell'*A Diogneto*, porterà a compimento l'opera compiuta dal Verbo e ne darà, come attesta Matteo, la sua effettiva e totale realizzazione nel regno escatologico: *"Chiunque avrà lasciato case, o fratelli, o sorelle (...) riceverà cento volte tanto e avrà in eredità la vita eterna*" (19,29). Ciò sta ad indicare che, per l'autore dell'*A Diogneto*, la promessa del regno celeste che Gesù annuncia ai discepoli nel tempo presente è, sì, precedente cronologicamente alla sua realizzazione, ma al contempo è strettamente connessa alla effettiva donazione del regno da parte di Dio alla consumazione dei tempi.

L'autore dell'*A Diogneto*, quindi, avendo prima menzionato il regno escatologico promesso dal Verbo e affermando in seguito che Dio dà il regno escatologico agli uomini, è in linea col pensiero di Matteo secondo il quale al regno di Cristo, che è il tempo presente in cui Gesù annunciava il regno escatologico, succede il regno del Padre che Dio dona solo a coloro che hanno imitato il Verbo: "*Allora i giusti splenderanno come il sole nel regno del Padre loro*" (13,43). Nella stessa prospettiva matteana si muove l'autore dell'*A Diogneto*, per il quale appunto il regno promesso da Cristo viene dato da Dio a coloro che hanno obbedito ai Suoi comandamenti e compiuto la Sua volontà mediante le opere di misericordia:

> In verità vi dico: ogni volta che non avete fatto queste cose a uno di questi miei fratelli più piccoli, non l'avete fatto a me. E se ne andranno questi al supplizio eterno, e i giusti alla vita eterna" (Mt 25,45-46).

L'autore dell'*A Diogneto* mette in rilievo, dunque, mediante la voce verbale δώσει, la decisione divina che dona effettivamente alla fine dei tempi il regno escatologico e compie realmente la promessa della felicità eterna come attesta Paolo: "*Il disegno cioé di ricapitolare in Cristo tutte le cose, quelle del cielo come quelle della terra*" (Ef 1,9-10). In tal senso l'autore dell'*A Diogneto* spiega al suo interlocutore che il dono del regno è prerogativa di Dio che predispone e elegge l'uomo alla vita eterna, per cui ogni sforzo dell'uomo è vano per giungere alla salvezza finale, come afferma l'apostolo Paolo: "*Eredi quindi si diventa per la fede*" (Rm 4,16). Come l'autore dell'*A Diogneto*, anche Clemente Romano pone l'accento sulla libertà di Dio che primariamente dà all'uomo la possibilità di entrare nella vita eterna: "*Tu, Signore, desti loro il potere della regalità*".[210] L'uomo, quindi, sia nell'*A Diogneto* che nella *Lettera ai Corinti*, riceve il regno come dono di Dio, perchè senza la volontà di Dio l'uomo non può pervenire alla salvezza eterna.

Tuttavia l'autore dell'*A Diogneto*, attraverso la voce verbale δωσει riguardo al dono escatologico del regno, voce posta nell'ultimo *komma* di 10,2, ricapitola i precedenti doni che Dio ha dato fin dall'atto creativo: il logos (ragione) e il nous (intelletto). In quanto creati da Dio, il logos e il nous sono doni effimeri perchè legati all'esistenza dell'uomo ma al contempo sono qualità date da Dio per uno scopo ben preciso: per il loro effettivo compimento nel regno escatologico.

In *A Diogneto* 10,2, quindi, si assiste a una progressione ascendente: il logos e il nous sono doni che, posti nell'uomo, prefigurano l'eterna intelligenza di Dio che si manifesta nella gloria davanti a coloro

---

210 CLEMENTE ROMANO, *Lettera ai Corinti* 61,1. Ed. crit. F. XAVER FUNK-K. BIHLMEYER-M. WHITTAKER, *Die Apostolischen Väter. Griechisch-deutsche Parallelausgabe*, p. 146. Trad. di A. QUACQUARELLI, *I Padri apostolici*, p. 90.

che hanno amato il Verbo. Nell'*A Diogneto* il logos e il nous sono doni che anticipano, come la copia rispetto all'originale, il loro compimento nel regno escatologico. Pertanto l'autore dell'*A Diogneto*, nel nono *komma* di 10,2, con la voce verbale δώσει, include nel dono del regno celeste i precedenti doni del logos e del nous che Dio aveva dato all'uomo nell'evento creativo.

2.10.2. *La fedeltà di Dio*

L'autore dell'*A Diogneto*, nel nono *komma* di 10,2, esprime implicitamente il concetto della fedeltà di Dio. In 10,2 l'autore dell'*A Diogneto*, introducendo il motivo della promessa e del suo compimento dopo l'incarnazione del Verbo, vuole esprimere che il Verbo, in quanto annunciatore della promessa di un regno escatologico che darà alla fine dei tempi, mantiene e realizza tale promessa perchè Egli è fedele a Se stesso. L'autore dell'*A Diogneto* si è ispirato alla letteratura neo-testamentaria dove appunto il Verbo, in quanto realizzatore delle promesse antico-testamentarie, è fedele al piano salvifico di Dio come afferma l'apostolo Paolo: "*In realtà tutte le promesse di Dio in Lui sono divenute sì*" (2Cor 1,20). Gesù, quindi, è fedele al disegno salvifico del Padre perchè Egli è l'espressione piena della fedeltà di Dio alle promesse antico-testamentarie; Gesù è fedele al suo disegno di salvezza, perchè ha adempiuto la volontà del Padre che aveva preparato fin dall'eternità il suo piano di salvezza, alla stessa stregua di Luca: "*Il Dio di*

Abramo, di Isacco e di Giacobbe, il Dio dei nostri padri ha glorificato il suo servo Gesù" (At 3,13). Gesù, quindi, per l'autore dell'*A Diogneto*, è fedele perchè promette il regno escatologico e lo porterà a compimento realizzando in tal modo la volontà del Padre, che era stata espressa per bocca del profeta Daniele:

> Ecco apparire, sulle nubi del cielo, uno, simile a un figlio d'uomo, giunse fino al vegliardo e fu presentato a lui, che gli diede potere, gloria e regno; tutti i popoli, nazioni e lingue lo servivano; il suo potere è un potere eterno, che non tramonta mai (7,13-14).

Gesù, quindi, promette il dono e lo compirà nell'evento escatologico perchè il Padre, fin dall'inizio della storia, ha promesso fedelmente una relazione di alleanza con il popolo di Israele in virtù del Suo amore verace e immutabile, come viene espresso in Dt 7,9: *"Riconoscete dunque che il Signore vostro Dio è Dio, il Dio fedele, che mantiene la sua alleanza e benevolenza per mille generazioni"*. L'alleanza fondata col popolo d'Israele perdurava perchè Dio, come afferma il profeta Osea, era fedele alle promesse in quanto ha amato il suo popolo: *"Ti fidanzerò con me nella fedeltà e tu conoscerai il Signore"* (2,21-22). Allo stesso modo per l'autore dell'*A Diogneto* Gesù, come il Padre, mantiene la promessa del compimento del regno, perchè Gesù ha amato gli uomini e si è incarnato per realizzare tale promessa. Tuttavia nell'*A Diogneto* è implicito che Gesù, in base alla sua promessa della donazione del regno alla fine dei tempi, è fedele come il Padre che, in consonanaza a Dt 32,4, non inganna ma adempie la Sua volontà senza frodare il suo popolo: *"Egli è la Roccia; perfetta è l'opera sua; tutte le sue vie sono giustizia; è un Dio verace e senza malizia; Egli è giusto e retto"*. La fedeltà non è una semplice qualità che si attribuisce a Gesù bensì è la realtà stessa del Verbo che, nell'*A Diogneto* come nella letteratura neo-testamentaria, si rivela garante della promessa del regno escatologico perchè, come viene affermato in Ap 19,11, il Verbo è non solo il realizzatore delle promesse antico-testamentarie ma ne è il continuatore, in quanto darà definitivamente il suo regno alla consumazione dei tempi:

> Poi vidi il cielo aperto, ed ecco un cavallo bianco; colui che lo cavalcava si chiamava fedele e verace: Egli giudica e combatte con giustizia.

La fedeltà di Gesù alla promessa della donazione del regno escatologico è strettamente collegata, nell'*A Diogneto*, alla disposizione fiduciosa dei credenti, perchè l'autore dell'*A Diogneto* afferma, nel nono *komma* di 10,2, che Dio darà il regno celeste a coloro che lo avranno amato. L'autore dell'*A Diogneto*, quindi, lega il motivo della fedeltà di Gesù alla fede degli uomini che obbediscono ai suoi comandamenti come rileva Matteo in 25,34:

> Venite, benedetti dal Padre mio, ricevete in eredità il regno preparato per voi fin dalla fondazione del mondo. Perchè io ho avuto fame e mi avete dato da mangiare, ho avuto

sete e mi avete dato da bere.

Tale pensiero riprende anche la prospettiva deuteronomistica, secondo la quale Dio è fedele in quanto il popolo d'Israele risponde positivamente alla sua chiamata, osservando i Suoi comandamenti nell'amore per Dio. In *A Diogneto* 10,2, come in Deuteronomio e in Matteo, la fedeltà di Gesù è in relazione alla fedeltà degli uomini che lo amano come Dio stesso per primo li ha amati. In 10,2, pertanto, la fedeltà di Gesù alla promessa del dono della salvezza eterna è strettamente collegata alla benevolenza di coloro che ripongono fiducia in Dio.

2.10.3. L'amore per Dio condizione della salvezza finale

L'autore dell'*A Diogneto*, nel nono *komma* di 10,2, afferma che Dio darà il regno escatologico a coloro che avranno amato (ἀγαπήσασιν) il Verbo. L'agape è l'amore con cui i fedeli amano Dio, ed è lo stesso amore con cui Dio ci ha amati per primo come l'autore dell'*A Diogneto* afferma in 10,3: "*O come amerai (ἀγαπήσεις) colui che così ti ha amato per primo (προαγαπήσαντα)?*".[211] L'autore dell'*A Diogneto* in tal modo spiega che, attraverso l'amore preveniente di Dio che si è manifestato agli uomini nella venuta del Verbo, l'uomo può entrare in relazione con Dio come egli stesso spiega in 11,8:

---

211 Ed. crit. F. XAVER FUNK-K. BIHLMEYER-M. WHITTAKER, *Die Apostolischen Väter. Griechisch-deutsche Parallelausgabe*, p. 318. Trad. di E. NORELLI, *A Diogneto*, p. 117.

> Infatti, tutto ciò che siamo stati indotti a esporre con fatica dalla volontà del Logos che ci comanda, lo condividiamo con voi, spinti dall'amore per ciò che ci è stato rivelato.[212]

L'autore dell'*A Diogneto* riprende il tema della priorità dell'amore di Dio per l'umanità dal pensiero giovanneo, per rendere consapevole il suo interlocutore dell'impossibilità dell'uomo di mettersi in comunione con Dio, se Egli non si fosse rivelato nel Figlio: "*Noi amiamo (ἀγαπῶμεν), perchè Egli ci amò (ἠγάπησεν) per primo*" (1Gv 4,19). In virtù di questa perenne ed efficace volontà di Dio di porsi in relazione con la creatura umana, l'uomo entra in comunione con Dio. All'uomo, quindi, per l'autore dell'*A Diogneto*, viene offerta la possibilità di entrare in comunione con Dio attraverso l'ἀγάπη, come esprime bene Perrini:

> L'amore è, dunque, il principio interiore che struttura la vita nuova che Dio dà ed è una sola cosa con l'amore con cui Dio ci ama. A causa della divina αγαπη, noi ci rivolgiamo a Dio come Figli al Padre e in essa amiamo i nostri fratelli.[213]

Nell'*A Diogneto* l'amore discendente di Dio viene reso esplicito nell'amore ascendente dell'uomo verso Dio, perchè tra l'ἀγάπη di Dio e l'ἀγάπη dell'uomo vi è un rapporto di interrelazione e di reciprocità, per cui

---

212 Ed. crit. F. XAVER FUNK-K. BIHLMEYER-M. WHITTAKER, *Die Apostolischen Väter. Griechisch-deutsche Parallelausgabe*, p. 322. Trad. di E. NORELLI, *A Diogneto*, p. 124.

213 M. PERRINI, *A Diogneto*, Brescia 1985, pp. 32-33.

l'uomo ama Dio con lo stesso amore con cui Dio ha amato l'uomo. L'uomo, per l'autore dell'*A Diogneto*, può amare Dio con lo stesso amore per mezzo del quale si è rivelato nel Figlio attraverso la fede. Come in *A Diogneto* 10,2, anche l'apostolo Paolo sottolinea che chi ha amato il Verbo sarà partecipe della gloria futura: *"Quelle cose che occhio non vide, né orecchio udì, né mai entrarono in cuore d'uomo, queste ha preparato Dio per coloro che lo amano"* (1Cor 2,9). Attraverso l'agape Dio si autocomunica all'uomo e l'uomo, a sua volta, nell'*A Diogneto*, se risponde positivamente alla Sua autodonazione, potrà conoscere la sapienza divina nell'agape. L'autore dell'*A Diogneto* si è ispirato indubbiamente a Giovanni, per il quale l'uomo può a sua volta conoscere l'amore di Dio, perchè Egli stesso lo ha manifestato attraverso il suo spirito effuso dal Verbo, mediante il quale l'uomo diventa figlio di Dio, partecipando in tal modo all'amore del Padre: *"Chiunque ama è generato da Dio e conosce Dio. Chi non ama non ha conosciuto Dio, perchè Dio è amore"* (1Gv 4,7). L'agape, quindi, per l'autore dell'*A Diogneto*, non è solo effusione della vita propria di Dio che si comunica all'uomo, ma è anche un atto di serena fiducia che l'uomo rivolge a Dio, aprendo il suo cuore alla chiamata di Dio per partecipare alla sua vita divina come l'autore dell'*A Diogneto* afferma in 10,4:

> Ma quando avrai cominciato ad amarlo (ἀγαπήσας), sarai imitatore della sua bontà. E non stupirti che un uomo possa diventare

imitatore di Dio: lo può, se Egli lo vuole.[214]

Un testo significativo che può illuminare il concetto dell'agape spiegato dall'autore dell'*A Diogneto* in 10,4, sembra essere la *Lettera ai Corinti* di Clemente Romano, nella quale viene affermato che all'uomo è possibile vivere nell'amore se Dio lo rende degno:

> Nella carità (ἀγάπη) il Signore ci ha presi a sé (...). Chi è capace di trovarsi in essa se non quelli che Dio ha reso degni?.[215]

Allo stesso modo Ignazio di Antiochia ancora più chiaramente attesta che il cristiano, mediante la fede, perviene all'amore: "*Ricreatevi nella fede, la carne di Cristo, e nella carità (ἀγάπη), il sangue di Gesù Cristo*".[216] Mediante la fede, quindi, sia per Ignazio che per l'autore dell'*A Diogneto*, l'uomo si unisce a Cristo nell'*ἀγάπη* raggiungendo così la vita eterna, come afferma Giovanni in 3,16:

> Dio infatti ha tanto amato il mondo da dare il suo figlio unigenito, perchè chiunque crede in Lui non muoia, ma abbia la vita eterna.

---

214 Ed. crit. F. XAVER FUNK-K. BIHLMEYER-M. WHITTAKER, *Die Apostolischen Väter. Griechisch-deutsche Parallelausgabe*, p. 318. Trad. di E. NORELLI, *A Diogneto*, p. 117.

215 CLEMENTE ROMANO, *Lettera ai Corinti* 49,6-50,2. Ed. crit. F. XAVER FUNK-K. BIHLMEYER-M. WHITTAKER, *Die Apostolischen Väter. Griechisch-deutsche Parallelausgabe*, pp. 132-134. Trad. di A. QUACQUARELLI, *I Padri apostolici*, pp. 81-82.

216 IGNAZIO di Antiochia, *Lettera ai Tralliani* 8,1. Ed. crit. F. XAVER FUNK-K. BIHLMEYER-M. WHITTAKER, *Die Apostolischen Väter. Griechisch-deutsche Parallelausgabe*, p. 204. Trad. di A. QUACQUARELLI, *I Padri apostolici*, p. 118.

La fede, per l'autore dell'*A Diogneto* come per Ignazio, è la condizione secondo cui l'uomo si apre all'amore del Verbo e, come afferma Paolo, la fede è il dono divino secondo cui l'uomo, responsabilmente, viene trasfigurato totalmente dalla Parola di Dio: "*Conoscere l'amore (ἀγάπην) di Cristo che sorpassa ogni conoscenza, perchè siate ricolmi di tutta la pienezza di Dio*" (Ef 3,19).

In tal senso l'agape si diversifica dall'eros: a differenza dell'eros che è il frutto del desiderio dell'uomo per il bello, l'agape è il frutto dell'azione della grazia di Dio che l'uomo accetta volontariamente perchè libero. Mentre nell'agape all'azione della grazia divina è implicita la volontà dell'uomo, nell'eros invece l'uomo tende a raggiungere il divino attraverso l'impulso razionale dell'anima che fugge dalla materia, è la brama dell'anima umana di arrivare al divino. Del resto Platone aveva concepito l'eros come amore ascendente, ossia come un mediatore che, come sostiene Fouillée, parte "*dall'imperfetto verso il perfetto, senza elevarsi all'idea chiara di una reciprocità di amore tra Dio e la creatura*".[217] L'eros, dunque, non è un amore interrelazionale come l'agape perchè non è fondato sulla totale e volontaria donazione dell'uomo a Dio sull'esempio di Dio che si è donato nel Figlio, perchè l'eros è fondamentalmente una forza naturale che, insita nell'uomo, lo spinge alla ricerca del Bene. Quindi, diversamente dall'uomo greco, che attraverso l'eros giunge necessariamente alla contemplazione noetica, ossia nell'ἀπάθεια, il cristiano mediante la

---

217 A. FOUILLÉE, *La philosophie de Platon*, vol. III, Paris 1889, p. 312.

grazia raggiunge nell'agape la perfezione, imitando volontariamente e fattivamente la vita del Salvatore. Pertanto il cristiano, diversamente dalla concezione greca, non può arrivare a conoscere Dio attraverso l'eros, ma attraverso l'agape per mezzo del quale Dio ha manifestato all'uomo la Sua volontà di mettersi in relazione interpersonale con lui nel Figlio che si è incarnato perchè l'uomo potesse pervenire alla conoscenza di Dio che è amore. Quindi l'autore dell'*A Diogneto*, in linea con Clemente Romano e con Ignazio di Antiochia, afferma che solo attraverso la grazia che Dio ha dato all'uomo nell'agape, l'uomo può rispondere nell'agape alla chiamata di Dio e diventare in tal modo compartecipe del suo amore, come afferma Barsotti: *"Se Dio è agape, anche il cristiano che lo imiterà sarà agape, sarà dono di se ai fratelli come Dio è stato dono di amore a lui stesso"*.[218]

L'amore per Dio viene anche espresso, nell'*A Diogneto*, con l'amore oblativo dell'uomo verso Dio e verso il prossimo. Per l'autore dell'*A Diogneto*, quindi, in 10,7 il cristiano che si apre alla grazia di Dio, deve testimoniare fattivamente tale relazione di amore imitando Dio non solo attraverso i sentimenti ma nel dono di se stesso a Dio: *"Allora amerai ($\dot{\alpha}\gamma\alpha\pi\acute{\eta}\sigma\varepsilon\iota\varsigma$) e insieme ammirerai coloro che sono castigati perchè non vogliono rinnegare Dio"*. Nella prova e nella sofferenza il cristiano, per l'autore dell'*A Diogneto*, testimonia l'amore per Dio, imitando realmente il Verbo incarnato come afferma Ignazio di Antiochia ai

---

218 D. BARSOTTI, *La dottrina dell'amore nei Padri della Chiesa fino a Ireneo*, Milano 1963, p. 185.

membri della sua comunità:
> Auguro loro l'unione nella carne e nello spirito di Gesù Cristo, nostra eterna vita, della fede e della carità (ἀγάπης), cui nulla è da preferire, e ciò che è più importante l'unione con Gesù e il Padre.[219]

In 10,4 l'autore dell'*A Diogneto* collega l'amore col concetto dell'imitazione: "*Ma avendolo amato (ἀγαπήσας) sarai imitatore della Sua bontà*". L'autore della Lettera agli Efesini in 5,1-2 spiega che chi vive in Cristo e nella carità imita Dio:
> Fatevi dunque imitatori di Dio, quali figli carissimi, e camminate nell'amore (ἀγάπη), nel modo che anche Cristo vi ha amato e ha dato se stesso per noi, offrendosi a Dio in sacrificio di soave odore.

Colui che ama Dio, per l'autore dell'*A Diogneto*, imita la vita stessa di Cristo fino alla prova suprema del martirio e imita la Sua bontà, come egli spiega in 10,6, nella benevolenza verso il prossimo:
> Piuttosto, chiunque prende su di sé il peso del prossimo, chi spontaneamente vuole beneficare, in ciò in cui è superiore, un altro meno fortunato, chi, fornendo ai bisognosi quei beni che possiede per averli ricevuti da Dio, diviene un dio per coloro che li ricevono, questi è imitatore di Dio.[220]

---

219 IGNAZIO di Antiochia, *Lettera ai Magnesii* 1,2. Ed. crit. F. XAVER FUNK-K. BIHLMEYER-M. WHITTAKER, *Die Apostolischen Väter. Griechisch-deutsche Parallelausgabe*, p. 192. Trad. di A. QUACQUARELLI, *I Padri apostolici*, p. 109.

220 Ed. crit. F. XAVER FUNK-K. BIHLMEYER-M. WHITTAKER, *Die*

Come l'autore dell'*A Diogneto* anche il vescovo Policarpo spiega che chi ama Cristo si identifica nell'amore che Cristo ha avuto per gli uomini, amore che si concretizza nel sacrificio di sé e nel beneficare chi è più bisognoso: in questo modo il cristiano per Policarpo diventa *"imitatore del vero amore (ἀγάπης)"*.[221] Tale pensiero era stato espresso da Paolo, dove appunto l'amore per il prossimo è la diretta conseguenza dell'amore per Cristo: *"Portate i pesi gli uni degli altri, così adempirete la legge di Cristo"* (Gal 6,2).

In 12,5 l'autore dell'*A Diogneto* puntualizza, riprendendo le parole dell'apostolo Paolo che cita in 1Cor 8,1, che dove esiste la conoscenza fondata sull'amore per Dio, sussiste l'amore verso i fratelli attraverso cui la comunità si edifica: *"La conoscenza gonfia, l'amore (ἀγάπη) invece edifica"*. A tal proposito l'autore dell'*A Diogneto* chiarisce che l'amore per Dio non si identifica nella conoscenza intellettuale, ma nell'amare i fratelli sull'esempio del Verbo che si è sacrificato per tutti. L'autore dell'*A Diogneto* in 12,5 ricalca il monito di Paolo, secondo cui nella misericordia e nel perdono degli uni verso gli altri si riflette l'amore che Dio ha avuto per l'uomo mediante l'atteggiamento di Cristo, che ha dato la vita per il riscatto di tutti: *"Amatevi gli uni gli altri con affetto fraterno, gareggiate nello stimarvi a vicenda (...).*

Apostolischen Väter. Griechisch-deutsche Parallelausgabe, p. 320. Trad. di E. NORELLI, *A Diogneto*, p. 117.

221 POLICARPO, *Lettera ai Filippesi* 1,1. Ed. crit. F. XAVER FUNK-K. BIHLMEYER-M. WHITTAKER, *Die Apostolischen Väter. Griechisch-deutsche Parallelaugabe*, p. 244.

Siate solleciti per le necessità dei fratelli" (Rm 12,10-13). In 12,5 si avverte, dunque, la dimensione comunitaria dell'agape che si dirige verso il prossimo e verso la comunità, a differenza dell'eros platonico in cui manca la dimensione diffusiva che accomuna gli uomini nella consapevolezza di una fraterna salvezza.

Il significato ascendente dell'amore per Dio, che in 10,2 è la garanzia per entrare nel regno escatologico, viene inteso nell'*A Diogneto* sia come amore interrelazionale tra l'uomo e Dio, reso possibile attraverso la grazia, sia come amore diffusivo, per cui l'iniziativa divina diviene la condizione previa per una vera testimonianza di fede che il cristiano realizza nell'amore verso Cristo e verso il prossimo. Pertanto, per l'autore dell'*A Diogneto*, può entrare nel regno celeste colui che ama Dio testimoniando fattivamente i valori della fede, e vivendoli alla luce della Parola di Dio.

CONCLUSIONE

1. Cammino percorso

Questo lavoro si suddivide in due parti.

La prima parte è suddivisa in tre paragrafi. Nel primo e nel secondo paragrafo abbiamo scelto, nel testo dell'*A Diogneto*, una pericope che risulta essere composta, dal punto di vista letterale, da una frase principale (*kôlon*), seguita da nove proposizioni secondarie (*kommata*), elencate così come ce le presenta l'anonimo autore, nella lingua greca, precedute dalla rispettiva traduzione italiana, per accingerci ad analizzarla soprattutto dal punto di vista teologico.

Nel terzo paragrafo abbiamo presentato, in breve, sia la storia del manoscritto originario, che ha avuto una storia alquanto burrascosa, sia le sue principali collazioni e lacune, che emergono nel testo in questione, integrate con le rispettive congetture di alcuni studiosi.

Nella seconda parte abbiamo cercato di analizzare in dieci paragrafi la struttura teologica della nostra pericope.

Ogni paragrafo è stato suddiviso in tre sottoparagrafi, per rendere più chiaro il pensiero dell'anonimo autore, pensiero dedotto dalla pericope, dalla quale ne abbiamo rilevato una vera e propria antropologia teandrica in relazione al termine agape che svolge un ruolo importante, per l'anonimo autore, a partire dalla teologia della creazione, per arrivare in un primo momento a quella dell'incarnazione e poi a quella definitiva della escatologia.

Nei primi sette sottoparagrafi abbiamo dedotto che, grazie all'agape, Dio creò l'uomo, e ha dato solo a lui il potere di sottomettere a se tutte le cose, in quanto a lui solo Egli ha donato l'intelletto e la ragione perché creato a immagine di Dio e, grazie a tali doni, egli può rivolgere lo sguardo verso l'alto e quindi contemplare Dio.

Nell'ottavo paragrafo abbiamo sottolineato il valore soteriologico dell'incarnazione del Verbo, mentre negli ultimi due paragrafi abbiamo evidenziato la dimensione escatologica dell'amore di Dio, grazie al quale Dio darà all'uomo il regno celeste solo se l'uomo ha corrisposto a Dio con lo stesso amore con cui Egli ci ha amato per primo.

2. Risultati raggiunti

L'unità letteraria di *A Diogneto* 10,2, che nella parte centrale di questo resoconto è stata oggetto di un'analisi sia dal punto di vista linguistico che dal punto di vista teologico, racchiude in sé la tematica fondamentale dell'agape. L'agape è il perno attorno a cui ruota tutta la antropologia dell'*A Diogneto* che, considerata dall'autore alla luce della Parola di Dio, si dispiega nella creazione, nell'incarnazione e nella escatologia in quanto questi sono i momenti centrali scaturiti dall'azione divina.

La frase principale *"Infatti Dio amò gli uomini"*

introduce il motivo dell'amore che è il filo conduttore di tutti i nove *kommata,* mediante i quali vengono spiegati i doni dell'amore di Dio per l'uomo. Il motivo dell'amore, nella frase principale, viene dispiegato dall'azione di Dio sull'uomo, che diviene così oggetto dell'amore di Dio. Tale amore viene descritto, dall'autore, nei nove *kommata* successivi che scandiscono in modo progressivo le tappe fondamentali della storia della salvezza, a partire dalla creazione fino all'escatologia.

Il testo antropologico risulta articolarsi teologicamente in tre momenti: creativo, incarnazionale ed escatologico.

Nell'ambito della creazione gli uomini divengono oggetto dell'amore di Dio perchè, come nel *kôlon,* nel sesto *komma* l'uomo è oggetto (οὕϳ) della plasmazione a immagine del Verbo, per cui oggetto dell'amore di Dio è l'uomo plasmato a immagine del Verbo. Per il fatto che gli uomini sono creati e plasmati a immagine di Dio, e che, in quanto tali, sono oggetto dell'amore di Dio, nei *kommata* che vanno dal secondo al quinto, Dio beneficia gli uomini donando loro il nous (l'intelletto) e il logos (ragione) al fine di contemplare Dio nelle cose da Lui create e, da oggetto del suo amore, gli uomini diventano beneficiari (οἳϳ) del suo amore che traspare nei doni finalizzati all'uomo.

Nel contesto incarnazionale l'amore di Dio, che viene reso concreto e visibile nella venuta del Figlio nella carne, è destinato agli uomini (πρὸς οὓς) perché gli uomini divengano simili a Dio mediante la partecipazione al dono dello Spirito. In questo modo essi possono imitare il Verbo, al fine di realizzare il regno escatologico nel tempo presente per goderne la sua definitiva realizzazione nella gloria futura. Dunque l'uomo, da oggetto dell'amore di Dio, giunge ad essere soggetto dell'amore di Dio.

Nel contesto escatologico, descritto negli ultimi due *kommata*, invece, Dio diventa oggetto dell'amore dell'uomo, per cui l'uomo che ama Dio parteciperà al regno definitivo, promesso dal Verbo fin dalla sua apparizione sulla terra, come suggerisce anche la Lettera di Giacomo, nella quale all'elezione segue la promessa dell'eredità del regno: *"Eredi del regno che ha promesso a quelli che lo amano"* (2,5). Come conseguenza della venuta del Figlio, l'uomo beneficia della promessa del regno e della sua donazione alla fine dei tempi, grazie all'amore che l'uomo ha corrisposto a Dio. Quindi, nell'ultimo *komma*, la causa della donazione del regno è l'amore dell'uomo per il Verbo, diversamente dalla prospettiva del primo *kôlon* per cui oggetto dell'amore di Dio sono gli uomini.

L'autore dell'*A Diogneto* ci ha offerto una sintesi del ruolo dell'azione divina nel tempo, sviluppando in tal modo una antropologia che, fondata sull'amore di Dio per l'uomo, si conclude nell'amore dell'uomo per Dio.

Insieme a Barsotti si può dire che l'autore dell'*A Diogneto* si pone in linea con l'antropologia di Ireneo secondo il quale

> l'amore di Dio per l'uomo, che si era già rivelato nella sua creazione e che si era più splendidamentemanifestato nell'incarnazione

di Cristo, ha l'espressione suprema nell'amore stesso dell'uomo perchè nel dono dello Spirito Santo ora l'uomo, fatto finalmente secondo l'immagine e la somiglianza di Dio, può rispondere all'amore di Dio.[222]

Pertanto il testo antropologico presenta globalmente fondamentali coordinate antropologiche relative sia alla struttura ontologica dell'uomo sia alla struttura teocentrica dell'uomo che, in vista della venuta del Verbo e, in forza della sua positiva risposta d'amore all'appello del Padre, è chiamato a vivere eternamente nel regno di Dio.

3. Prospettive aperte

La tematica del presente lavoro è riproponibile nel tempo odierno, contrassegnato non solo dal secolarismo e dalla secolarizzazione, ma anche dalla presenza dei computers, un tempo in cui il copioso materiale tecnologico sembra aver preso piede ed esercitare addirittura la sua supremazia sulle cose dello spirito, producendo fenomeni che non sono all'unisono con una vera vita di fede vissuta nell'amore reciproco, presenza visibile e concreta dell'agape divina. Anche oggi, come ieri, l'uomo avverte l'insopprimibile bisogno di essere amato e di essere riconosciuto come persona, cioè come un essere che non è rinchiuso in se stesso e fine a se stesso, ma aperto agli altri, che si dona e che dialoga con gli altri con generosità, perchè

---

222 D. BARSOTTI, *La dottrina*, p. 238.

nell'incontro con l'altro egli costruisce la propria personalità:

> La donazione all'altro è una donazione dinamica, costruttiva. Prima di tutto, io, dandomi, devo darmi all'altro perchè l'altro, grazie a me, possa essere "lui" secondo il piano di Dio. Grazie a me, l'altro può essere "lui". E grazie a lui io posso essere "me". (...). Persona è qualcosa che mi è stato dato, senza di me, nel punto di partenza della mia storia, un dono di Dio. Invece personalità è quello che io mi faccio da me stesso. (…) Ma non mi faccio da solo, ci facciamo insieme, ambedue, all'interno dell'amore.[1]

Soffocato dal vortice della secolarizzazione e della tecnologia l'uomo odierno sente il bisogno di ricorrere alla *"dimensione contemplativa della vita"*,[2] indicando con essa, come suole spiegare Martini:

> quel momento di distacco dall'incalzare delle cose, di riflessione, di valutazione alla luce della fede, che è tanto necessario per non essere travolti dal vortice degli impegni quotidiani: un "tempo dello spirito".[3]

Quindi, come abbiamo visto, nel nostro mondo odierno si avverte *"l'esigenza di un ritorno all'amore"*.[4] Questo bisogno di amore e di unione con

---

1 A. HORTELANO, *Io-tu comunità di amore*, Assisi 1970, p. 72.

2 Vedi per l'argomento E.M. GENTILI, *Il nostro unico amore. L'unione con Dio ieri e oggi*, Torino 1982, pp. 186-228.

3 C.M. MARTINI, *La dimensione contemplativa della vita*, Torino 1980, p. 3.

4 A. HORTELANO, *Io-tu comunità di amore*, p. 8.

Dio può essere oggi rivissuto in molte maniere: attraverso l'ascolto della Parola, la lectio divina, l'esempio dei santi, l'imitazione visibile dell'amore del Padre (Gv 14,31), l'orazione associata alla vita, la liturgia delle ore, l'eucaristia, le visite al Santissimo, la devozione a Maria con la recita del Santo Rosario, ecc.
Pertanto questo presente studio risponde alle attese dell'uomo moderno, desideroso di trovare il vero amore nell'unione con Dio e nell'amore disinteressato verso i suoi simili, esperienza visibile e concreta dell'agape divino.

SIGLE

AIIS	Annali dell'Istituto Italiano per gli Studi storici, Napoli
BL	Belles Lettres, Collection des Universités de France, Paris
BP	Biblioteca Patristica, Firenze
BT	Bibliotheca Scriptorum Graecorum et romanorum Teubneriana, Leipzig
CAChr	Corpus Apologetarum Christianorum saeculi secundi, Jenae
CCL	Corpus Christianorum. Series Latina, Turnhout
CLCAG	Corpus Latinum Commentariorum in Aristotelem Graecorum, Louvain
CSEL	Corpus Scriptorum Ecclesiasticorum Latinorum, Wien
DK	Die Fragmente der Vorsokratiker, Dublin-Zürich
DSp	Dictionnaire de Spiritualité ascetique et mystique, Paris
DTAT	Dizionario Teologico dell'Antico Testamento, Torino
GCS	Die Griechischen Christlichen Schriftsteller der ersten drei Jahrhunderte, Leipzig-Berlin

GLAT	Grande Lessico dell'Antico Testamento, Brescia
GLLP	The Garland Library of Latin Poetry, London
GLNT	Grande Lessico del Nuovo Testamento, Brescia
GLS	Griechische und Lateinische Schriftsteller ausgaben mit anmerkungen, Amsterdam
GTC	Greek Texts and Commentaries, Boston-London
L	Latomus, Collection fondée par Marcel Renard, Bruxelles
LCL	The Loeb Classical Library founded by James Loeb, London
PG	Patrologia Graeca, Paris
SCh	Sources Chrétiennes, Paris
SMSR	Studi e Materiali di Storia delle Religioni, Roma
SP	Studia Patristica, Berlin

BIBLIOGRAFIA[1]

1. Fonti

1.1. *L'A Diogneto*

1.1.1. Edizioni greche:

A. *In opere complessive*:

ESTIENNE H., *Justini philosophi et martyris Epistula ad Diognetum et Oratio ad Graecos*, Parisiis 1592.
FUNK F.X., *Patres Apostolici*, Tübingen 1901, pp. 390-413.
FUNK F.X. - BIHLMEYER K. - SCHNEEMELCHER W., *Die Apostolischen Vater*, Tübingen 1970.
FUNK F.X. - BIHLMEYER K. - WHITTAKER M., *Die Apostolischen Väter. Griechisch-deutsche Parallelausgabe,* Tübingen 1992.
GEBHARDT O. von – HARNACK A. - ZAHN Th., *Patrum Apostolicorum Opera*, vol. I-II, Lipsiae 1878².
GOODSPEED E.J., *Die ältesten Apologeten, texte mit kurzen Einleitungen*, Göttingen 1984.
LAKE K., *The Apostolic Fathers,* vol. II, Harvard 1913.
MIGNE J. P. (ed.), *Patrologia Graeca. Cursus*

---

[1] Gli autori classici e cristiani sono citati dalle più recenti e attendibili edizioni indicate ai relativi riferimenti.

Completus, vol. II, Parisiis 1886.
OTTO J.C. Th. (ed.), *Corpus Apologetarum Christianorum saeculi secundi*, voll. III, Ienae 1879³, rist. Wiesbaden 1969.

B. *Per singole opere*:

BLAKENEY E.H., *The Epistle to Diognetus*, London 1943.
GEFFCKEN J., *Der Brief an Diognet*, Heidelberg 1928.
MEECHAM H.G., *The Epistle to Diognetus. The Greek Text with introduction, translation and notes*, Manchester 1949.
THIERRY J.J., *The Epistle to Diognetus*, Leiden 1964.
MARROU H.I., *A Diognète. Introduction, édition critique, traduction et commentaire* (SC 33bis), Paris 1965².
WENGST K. (ed.), *Schriften des Urchristentums: Didache (Apostellehere). Barnabasbrief. Zweiter Klemensbrief. Schrift an Diognet*, München 1984, pp. 281-348.

1.1.2. Traduzioni

A. *In italiano*:

BUONAIUTI E., *Lettera a Diogneto. Introduzione, traduzione e note* (nuova edizione a cura di RAGOZZINO G.), Napoli 1989.

BOSIO G., *I Padri Apostolici. Introduzione, traduzione e note*, vol. II, Torino 1966².
NORELLI E., *A Diogneto*, Milano 1991.
PERRINI M., *A Diogneto. Alle sorgenti dell'esistenza cristiana*, Brescia 1984.
QUACQUARELLI A., *I Padri Apostolici. Introduzione, traduzione e note*, Roma 1978².
ZINCONE S., *A Diogneto*, Roma 1987.

B. *In francese*:

MARROU H.I., *A Diognète. Introduction, édition critique, traduction et commentaire*, Paris 1965².

C. *In inglese*:

MEECHAM H.G., *The Epistle to Diognetus. The Greek Text with introduction, translation and notes*, Manchester 1949.
THIERRY J.J., *The Epistle to Diognetus*, Leiden 1964.

D. *In tedesco*:

GEFFCKEN J., *Zwei griechische Apologeten*, Leipzig 1907, pp. 1-96.
RAUSCHEN G.R., Der Brief an Diognet ("Bibliothek der Kirchenväter"12), München-Kempten 1913, pp. 159-173.
WENGST K. (ed.), *Schriften des Urchristentums: Didache (Apostellehere). Barnabasbrief. Zweiter*

Klemensbrief. Schrift an Diognet, München 1984, pp. 281-348.

E. *In spagnolo*:

RUIZ BUENO D., *Padres Apostolicos* ("Biblioteca de Autores Cristianos"), Madrid 1979, pp. 845-860.
RUIZ BUENO D., *Padres Apostolicos y Apologistas griegos (s.II), introduccion, notas y version española*, Madrid 2002, pp. 619-663.

1.2. *Altre fonti della letteratura antica:*

ALEXANDRE M. (ed.), *Philo Alexandrinus. De Congressu Eruditionis gratia*, Paris 1967.
ALPIGIANO C. , *Aristide di Atene. Apologia*, Firenze 1988.
ARNALDEZ R., *Les oeuvres de Philon d'Alexandrie. De Opificio mundi*, Paris 1961.
ARNIM VON H. , *Stoicorum Vetera Fragmenta,* vol. I-III, Leipzig 1903-1905.
ARRIGHETTI G., *Esiodo. Teogonia*, Milano 1994.
BALAUDÉ J.F. - BRISSON L., *Classiques modernes*, Librairie Générale Francaise 1999.
BEAUJEU J., *Apulée. Opuscules philosophiques et fragments*, Paris 1973.
BELLINI E., *Ireneo di Lione. Contro le eresie e gli altri scritti*, Milano 1979.
BETTIOLO P. - KOSSOVA A.G. - LEONARDI C. -

NORELLI E. - PERRONE L., *Corpus Christianorum series apocryphorum*, vol. 7, Brepols-Turnhout 1995.

BIANCO M., *Il Protrettico, Il Pedagogo di Clemente Alessandrino*, Torino 1971.

BLACK M. (ed.) - DENIS A.M., *Apocalypsis Henochi Graece. Fragmenta Pseudepigraphorum quae supersunt graeca*, Leiden 1970.

BLANC C., *Origène. Commentaire sur Saint Jean*, t. II, Paris 1970.

BYWATER I., *Aristotelis. Ethica Nicomachea*, Oxonii 1959.

BOGAERT P., *Apocalypse de Baruch*, Paris 1969.

BONNET M. (ed.), *Acta Apostolorum Apocrypha*, vol. I, Darmstadt 1959.

BORRET M., *Origène. Contre Celse*, Paris 2005.

BUETTNER – WOBST Th., *Polybii Historiae*, vol. I, Stutgardiae 1962.

BURINI C., *Gli apologeti greci*, Roma 2000.

BURNET I., *Platonis Opera*, vol. I-IV, Oxonii 1959-1962.

BYWATER I., *Aristotelis. Ethica Nicomachea*, Oxonii 1959.

CAMELOT P.Th., *Ignace D'Antioche, Polycarpe de Smyrne. Lettres, Martyre de Polycarpe*, Paris 1998.

CASSANMAGNAGO C., *Diatribe, manuale, frammenti*, Milano 1982.

CATAUDELLA Q., *Clemente Alessandrino. Protrettico ai greci*, Torino 1940.

CERRI G., *Omero. Iliade*, Milano 1996.

CHARLES R.H., *The Greek versions of the*

Testaments of the Twelve Patriarchs, Oxford 1966.
CIANI M.G., AVEZZÙ E., *Iliade di Omero*, Torino 1998.
COBET GABR.C. - WESTERMANNO ANT. - BOISSONADIO J.F., *Diogenis Laertii. Vitae philosophorum*, Parisiis 1878.
COLONNA A. - BEVILACQUA F., *Le storie di Erodoto,* vol. I, Torino 1996.
CORSINI E. ABBAGNANO N., *Commento al vangelo di Giovanni*, Torino 1968.
CROUZEL H. - SIMONETTI M., *Origène. Traité des principes,* t. III, Paris 1980.
DANBY H., *The Mishnah*, Oxford-London 1954.
DANIEL S., *Les Oeuvres de Philon d'Alexandrie. De Specialibus legibus,* Paris 1975.
DEFRADAS J. – J. HANI – R. KLAERR, *Plutarque. Oeuvres morales*, t. II, Paris 1985.
DE JONGE M., *The Testaments of the twelve Patriarchs*, Leiden 1978.
DES PLACES E., *Numénius. Fragments,* Paris 1973.
DES PLACES E., *Atticus. Fragments*, Paris 1977.
DIELS H. - KRANZ W., *Die Fragmente der Vorsokratiker*, vol. I-III, Berlin 1951-1952.
DILLON J., *Alcinous. The Handbook of Platonism*, Oxford 1999.
DÜBNER F., *Plutarchi. Scripta moralia*, vol. II, Parisiis 1890.
ERBETTA M., *Apocrifi del N.T.*, vol. I, t. 1, Casale Monferrato 1969.
EVANS E., *Q. Septimii Florentis Tertulliani. De Resurrectione carnis liber. Tertullian's Treatise on

the resurrection, London 1960.
FANTUZZI M., *Solone. Frammenti dell'opera poetica*, Milano 2001.
FERRARI F., *Pindaro. Olimpiche*, Milano 1998.
FERRARI F., *Senofonte. Ciropedia*, Milano 1995.
FEUER I., *Les oeuvres de Philon d'Alexandrie. Quod deterius potiori insidiari soleat*, Paris 1965.
FIRMIN A.- DIDOT, *Aristotelis. Opera omnia*, Parisiis 1854.
FLACELIÈRE R. – E. CHAMBRY, *Plutarque. Vies*, t. VI-VII, Paris 1972-74.
FLEMMING J., *Das Buch Henoch. Äthiopischer Tex*t, Leipzig 1902.
FREEDMAN H. – M. SIMON – I. EPSTEIN, *Midrash Rabbah,* vol. I, London 1961.
FROIDEFOND Ch., *Plutarque. Oeuvres morales*, Paris 1972-1988.
FUHR, *Demosthenis. Orationes*, Stutgardiae-Lipsiae.
FUHRMANN F., *Plutarque. Oeuvres morales*, t. IX, Paris 1972.
GIBB J.- MONTGOMERY W., *The Confessions of Augustine*, New York-London 1980
GINZBERG, *The Legends of the Jews*, voll. 7, Philadelphia 1987-1988, trad. di E. LOEWENTHAL, voll. 3, Milano 1995-1999.
GODLEY A.D., *Herodotus*, London-Cambridge 1960-1963.
GOODSPEED E.J. , *Die ältesten Apologeten, Texte mit kurzen Einleitungen*, Göttingen 1984.
GRANT R.M., *Theophilus of Antioch. Ad Autolycum*, Oxford 1970.

GUDRUN VUILLEMIN-DIEM (ed.), *Aristoteles Latinus. Metaphysica*, Leiden 1976.
HICKS R.D., *Diogenes Laertius. Lives of eminent philosophers*, vol. I-II, London.1959.
HOBEIN H. (ed.), *Maximi Tyrii. Philosophumena*, Lipsiae 1910.
JAUBERT A., *Clément de Rome. Épître aux Corinthiens*, Paris 2000.
JOLY R., *Hermas. Le Pasteur*, Paris 1968.
KLIJN A.F.J., *Die Esra-Apokalypse (IV. Esra)*, Berlin 1992.
KROYMANN A., *Quinti Septimi Florentis. Tertulliani Opera*, Turnholti-Brepols 1954.
KRUEGER P. - MOMMSEN Th., *Corpus Iuris Civilis*, Berolini 1922.
LABRIOLA A., *Senofonte. Memorabili*, Milano 1997.
LANZA D. , *Anassagora. Testimonianze e frammenti*, Firenze 1966.
LEGRAND Ph.E., *Hérodote. Histoires*, Paris 1958.
LEHRMAN, S.M. *Midrash Rabbah. Exodus,* vol. III, London 1961.
LILLA S., *Introduzione al medioplatonismo,* Roma 1992.
LOUIS P – WHITTAKER J., *Alcinoos. Enseignement des doctrines de Platon,* Paris 1990.
MAHÉ J.P., *Tertullien. La chair du Christ*, Paris 1975.
MARROU H.I. - HARL M., *Clément d'Alexandrie. Le Pédagogue*, Paris 1960.
MARCHANT E.C., *Xenophon. Memorabilia and Oeconomicus*,London-Cambridge 1953.
MARTINEZ F. G., *Testi di Qumran*, Brescia 2003.

MAZON P., *Eschyle. Les suppliantes, les perses, les sept contre thèbes, prométhée enchainé*, Paris 1963.

MAZON P., *Hésiode. Théogonie, Les travaux et les jours, Le bouclier,* Paris 1928.

MAZON P. – CHANTRAINE P. – COLLART P. – LANGUMIER R., *Homère. Iliade*, Paris 1961.

MAZZARELLI C., *Aristotele. Etica Nicomachea*, Milano 1998.

MIGLIORE F., *Clemente Alessandrino. Protrettico ai greci*, Roma 2004.

MONDÉSERT C. – MATRAY CH. – MARROU H.I., *Clément d'Alexandrie. Le Pedagogue*, Paris 1970.

MONDÉSERT C., *Les Oeuvres de Philon d'Alexandrie. Legum Allegoriae*, Paris 1962.

MONDÉSERT C. – PLASSART A., *Clément d'Alexandrie. Le Protreptique*, Paris 1976.

MORALDI L., *Flavio Giuseppe. Antichità giudaiche*, Torino 1998.

MORESCHINI C., *Opere scelte di Quinto Settimio Florente Tertulliano*, Torino 1974.

MURRAY A.T., *Homer. The Iliad*, London 1963.

MURRAY A.T., *Homer. The Odyssey*, London-Cambridge 1960.

NAUTIN P., *Hippolyte. Contre les hérésies,* Paris 1949.

NESTLE E. - ALAND K., *Novum Testamentum Graece*, Stuttgart 1987.

NEUSNER J., *Pesiqta de Rab Kahana*, Atlanta-Georgia 1987.

NOCK A.D. - FESTUGIÈRE A.J. - RAMELLI I., *Corpus hermeticum*, Milano 2005.

NORELLI, *Ascension d'Isaie*, Brepols 1993.
PARENTE M. I. , *Stoici Antichi*, Torino 1989.
PERETTO E., *Ireneo di Lione, Epideixis. Antico catechismo degli adulti*, Città di Castello 1981.
PERLER O., *Méliton de Sardes. Sur la Pâque et fragments*, Paris 1966.
POUDERON B. - PIERRE M.J. - OUTTIER B. - GUIORGADZE M., *Aristide. Apologie*, Paris 2002.
QUACQUARELLI A., *I Padri Apostolici*, Roma 1998.
RADICE R., *Stoici Antichi. Tutti i frammenti*, Milano 1998.
REALE G. - CASSANMAGNAGO C., *Epitteto. Diatribe manuale frammenti*, Milano 1982.
REALE G., *Platone. Tutti gli scritti*, Milano 1991.
REALE G., *Seneca. Epistole,* Milano 1994.
REGGIANI C.K., *Filone Alessandrino. De Opificio Mundi, De Abrahamo, De Josepho*, Roma 1979.
RIZZO S., *Celso. Contro i cristiani,* Milano 1989.
ROGERS B.B., *Aristophanes. The acharnians, the clouds, the knights, the wasps*, London 1960.
RORDORF W. - TUILIER A., *La doctrine des douze apotres (Didaché)*, Paris 1998.
ROUSSEAU E. – HEMMERDINGER B. – DOUTRELEAU L. – MERCIER Ch., *Irénée de Lyon. Contre les hérésies*, vol. 7, Paris 1965.
ROUSSEAU A. - DOUTRELEAU L. - MERCIER Ch., *Irénée de Lyon. Contre les hérésies*, vol. 9-10, Paris 1969.
ROUSSEAU A. - DOUTRELEAU L., *Irénée de Lyon. Contre les hérésies*, vol. 1-2, Paris 1979.
ROUSSEAU A., *Irénée de Lyon. Démonstration de la*

prédication apostolique, Paris 1995.
ROUSSEAU A. – DOUTRELEAU L., *Irénée deLyon. Contre les hérésies,* vol. 5, Paris 2002.
SAGNARD F., *Clément d'Alexandrie. Extraits de Théodote*, Paris 1970.
SARINI, *Demostene. Orazioni*, Milano 1992.
SCHMIDT F., *Le Testament grec d'Abraham*, Tübingen 1986.
SCORZA BARCELLONA F., *La Epistola di Barnaba*, Torino 1975.
SERRA F., *L. Annaeus Seneca. Epistulae ad Lucilium*, vol. II, Pisa 1983.
SIMONETTI M., *I Principi di Origene*, Torino 1968.
SIMONETTI M., *Testi gnostici in lingua greca e latina,* Milano 1993.
SOUILHÉ J., *Épictète. Entretiens,* Paris 1949.
STALLBAUM G., *Platonis Opera Omnia*, vol. I, New York – London 1980.
TAROCCHI S., *Il Dio longanime: la longanimità nell'epistolario paolino,* Bologna 1993.
TASINI P., *In principio. Interpretazioni ebraiche del racconto della creazione. Il midrash*, vol. I, Roma 1988.
TESSORE D., *Clemente Alessandrino. Il pedagogo*, Roma 2005.
THACKERAY H. St. J., *Josephus. Jewish Antiquities*, London-Cambridge 1961.
TRAGLIA A., *Plutarchus. Vite di Plutarco*, Torino 1992, pp. 804-805).
TRANNOY A.I., *Marc-Aurèle. Pensées,* Paris 1953.
TRAPP M.B. (ed.), *Maximus Tyrius. Dissertationes*,

Stutgardiae-Lipsiae 1994.
TUROLLA E., *Marco Aurelio Antonino. Colloqui con se stesso*, Milano 1995.
VANDERKAM J. (ed.), *The Bok of Jubilees. A critical text*, Lovanii 1989.
VIMERCATI A., *Polibio. Storie*, Milano 1987.
VISONÁ G., *Dialogo con Trifone*, Milano 1988.
VISONÀ G., *Pseudo Ippolito. In Sanctum Pascha*, Milano 1988.
WALTZ R., *Sénèque. Dialogues*, Paris 1967.
WENGST K., *Didache (Apostellehre), Barnabasbrief, Zweiter Klemensbrief, Schrift an Diognet*, München 1984.
UNTERSTEINER M., *Parmenide*, Firenze 1958.
UNTERSTEINER M., *Senofane. Testimonianze e frammenti*, Firenze 1955.
VIMERCATI A., *Polibio. Storie*, Milano 1987.
ZANATTA M., *Aristotele. Etica Nicomachea*, vol. II, Milano 1986.
ZINCONE S., *A Diogneto*, Roma 1977.

2. Studi:

Aa.Vv., *Cristologia e pensiero contemporaneo*, Genova 1983.
Aa.Vv., *La fine del tempo*, Brescia 1998.
ALAND B., *Marcion: Versuch einer neuen Interpretation*, in "Zeitschrift fuer Theologie und Kirche" 70 (1973), pp. 420-427.
ALFARO J., *Cristologia e antropologia*, Città di

Castello 1973.

ALFONSI L., *Il "Protrettico" di Clemente Alessandrino e l'Epistola a Diogneto*, in "Aevum" 20 (1946), pp. 100-108.

ALFONSI L., *Spunti protrettici e filosofici nell'"Epistola a Diogneto"*, in "Rivista di filosofia neoscolastica" 39 (1947), pp. 239-241.

ALFONSI L., *Sull'A Diogneto*, in "Vetera Christianorum" 4 (1967), pp. 65-72.

ALTANER B., *Patrologia*, Madrid 1962.

AMATO A., *Gesù il Signore: saggio di cristologia*, Bologna 1999.

ANDRIESSEN P., *L'apologie de Quadratus conservée sous le titre d'Épître à Diognète*, in "Recherches de Théologie Ancienne et Médiévale" 13 (1946), pp. 5-39.

ANDRIESSEN P., *L'épilogue de l'Epître à Diognète*, in "Recherches de théologie ancienne et médiévale" 13 (1946), pp. 5-39; 125-149; 237-260.

ANDRIESSEN P., *The Authorship of the Epistle to Diognetus*, in "Vigiliae Christianae" 1 (1947), pp. 129-136.

BARBAGLIO G., *Dio violento?*, Assisi 1991.

BARNARD J.W., *The Epistle ad Diognetum. Two Units from one Author?* in "Zeitschrift für Neutestamentliche Wissenschaft und die Kunde der alteren Kirche" 65 (1965), pp. 130-137.

BARSOTTI D., *La dottrina dell'amore nei Padri della Chiesa fino a Ireneo*, Milano 1963, pp. 179-192.221-248.

BAUMEISTER Th., *Zur Datierung der Schrift an*

Diognet, in "Vigiliae Christianae" 42 (1988), pp. 105-111.

BAUER J.B., *An Diognet VI*, in "Vigiliae Christianae" 17 (1963), pp. 207-210.

BEATRICE P.F., *Der Presbyter des Irenäus, Polykarp von Smyrna und der Brief an Diognet*, in *Pleroma: Salus carnis. Homenaje a Antonio Orbe, S.J.*, Santiago de Compostela 1990, pp. 179-202.

BEHM J., νοῦς, in *GLNT*, vol. VII, Brescia 1971, col. 1038-1063.

BERND L., *"Zur Bedeutung des Sohnes Gottes in der Schrift an Diognet"*, in "Orpheus" 18 (1997), pp. 474-480.

BILLET B., *Les lacunes de l'A Diognète. Essai de solution*, in "Recherches de Science religieuse" 45 (1957), pp. 409-418.

BLANCHETIÈRE F., *Au coeur de la cité. Le chrétien philosophe selon l'À Diognète*, in "Revue des Sciences Religieuses" 63 (1989), pp. 183-194.

BOCCACCINI G., *Il medio-giudaismo*, Genova 1993.

BONORA A., *La creazione*, Roma 1990.

BONWETSCH G.N., *Der Autor der Schlusskapitel des Briefes an Diognet, in Nachrichten der Gesellschaft der Wissenschaften zu Gottingen, Philos.- hist. Klasse*" 58 (1902), pp. 621-634.

BRÄNDLE R., *Die Ethik an der Schrift an Diognet*, Zürich 1975.

BROBNER H., *Manual de Patrologia*, Barcelona 2001.

BUCHSEL F., μονογενής, in *GLNT*, vol. VII, Brescia 1971, col. 465-478.

BUCHSEL F., λύτρον, in *GLNT*, vol. VI, Brescia 1970, col. 916-942.

BULTMANN R., λύπη, in *GLNT*, vol. VI, Brescia 1970, col. 843-871.

BULTMANN R. - WEISER A., πιστεύω, in *GLNT*, vol. X, Brescia 1975, col. 337-488.

BULTMANN R.-Von RAD G.-BERTRAM G., ζάω, in *GLNT*, vol. III, Brescia 1967, col. 1365-1474.

CARASSAI P., *Il problema dell'autenticità dell'ad Diognetum cc. XI-XII: proposte per una soluzione*, in "Annali della Facoltà di Lettere e Filosofia dell'Università di Macerata" 16 (1983), pp. 97-132.

CAVALLETTI S., *L'amore negli scritti giudaici intertestamentari*, in S.A. PANIMOLLE (a cura di), *Dizionario di spiritualità biblico-patristica*, vol. 3: *Amore, carità, misericordia*, Roma 1993, pp. 94-104.

CHANTRAINE P., *Dictionnaire étymologique de la langue grecque*, vol. I, Paris 1990.

COCCHINI F., *Il figlio unigenito sacrificato e amato. Ricerche su di un titolo cristologico*, in "Studi storico-religiosi" 1 (1977), pp. 301-323.

CONNOLLY R.H., *The Date and Authorship of the Epistle to Diognetus*, in "Journal Theological Studies" 36 (1935), pp. 347-353.

CONNOLLY R.H., *Ad Diognetum XI-XII*, in "Journal Theological Studies" 37 (1936), pp. 2-15.

CONZELMANN H., φῶς, in *GLNT*, vol. XV, Brescia 1988, col. 361-492.

DAL COVOLO E., *I Severi e il cristianesimo. Ricerche sull'ambiente storico-istituzionale delle origini cristiane tra il secondo e il terzo secolo*, Roma 1989.

DAL COVOLO E., *Gli imperatori Severi e la "svolta costantiniana"*, in DAL COVOLO E. - UGLIONE R., (a cura di), *Cristianesimo e istituzioni politiche. Da Augusto a Costantino*, Roma 1995, pp. 75-88.

DAL COVOLO E., *I Severi e il cristianesimo. Dieci anni dopo*, in DAL COVOLO E. – RINALDI G., *Gli imperatori Severi*, Roma 1999, pp. 187-196.

DATTRINO L., *Patrologia*, Casale Monferrato 1991.

DELLING G., ἀρχή, in *GLNT*, vol. I, Brescia 1965, col. 1273-1287.

DES PLACES E., *Synghéneia: la parenté de l'homme avec Dieu d'Homère à la Patristique*, Paris 1964.

DI GENNARO G., *Antropologia biblica*, Napoli 1981.

DROBNER H.R., *Les Pères de l'Eglise. Sept siècles de littérature chrétienne (tr.fr.)*, Paris 1999.

DE GUIBERT G., *DSp*, vol. VI, Paris 1967, pp. 812-822.

ELTESTER W., *Das Mysterium des Christentums. Anmerkungen zum Diognetbrief*, in "Zeitschrift für die neutestamentliche Wissenschaft und die Kunde der alteren Kirche" 61 (1970), pp. 278-293.

FEDALTO G., *La cristologia nei Padri della chiesa*, Roma 1985.

FELICI S., *Cristologia e catechesi patristica*, Roma 1980-1981.

FERMI, *L'Apologia di Aristide e la Lettera a Diogneto*, in "Ricerche religiose" 1 (1925), pp. 541-547.

FESTUGIÈRE A.J., *Contemplation et vie*

contemplative selon Platon, Paris 1936.

FESTUGIÈRE A.J., *L'idéal réligieux des Grecs et l'évangile*, Paris 1932.

FOERSTER W., κτίζω, in *GLNT*, vol. V, Brescia 1969, col. 1235-1330.

FORTE B., *Trinità come storia: saggio sul Dio cristiano*, Milano 1985.

FOUILLÉE A., *La philosophie de Platon*, vol. III, Paris 1889.

GASPARRO S., *Dio nello gnosticismo*, in S.A. PANIMOLLE (a cura di), *Dizionario di spiritualità biblico-patristica*, vol. 14: *Dio nei Padri della chiesa*, Roma 1996, pp. 66-81.

GEFFCKEN J., *Zwei griechische Apologeten*, Leipzig-Berlin 1907.

GINZBERG L., *The Legends of the Jews*, 7 voll., Philadelphia 1987-1988, (trad. E. LOEWENTHAL, 3 voll., Milano 1995-1999).

GIRGENTI G., *Teologia, cosmologia e antropologia di Giustino martire,* in "Rivista di filosofia neo-scolastica" 83 (1991), pp. 51-89.

GONZALEZ DE CARDEGAL O., *Fundamentos de cristologia*, Madrid 2005-2006.

GONZALEZ DE CARDEGAL O., *Cristologia*, Madrid 2001.

GRANT R., *Theophilus of Antioch, ad Autolycum*, Oxford 1970.

GRASSO D., *Un saggio di evangelizzazione nel secondo secolo: la lettera a Diogneto*, in CASALE MARCHESELLI C. (ed.), *Parola e spirito. Studi in onore di S. Cipriani*, vol. I, Brescia 1982, pp. 777-

788.

GRILLMEIER A., *Gesù il Cristo nella fede della chiesa*, vol. I, Brescia 1982.

GROSSI V., *Il titolo cristologico "Padre" nell'antichità cristiana*, in "Augustinianum" 16 (1976), pp. 237-269.

GROSSI, *Lineamenti di antropologia patristica*, Roma 1983.

GRUNDMANN W.- von RAD G.- KITTEL G., ἄγγελος, in *GLNT*, vol. I, Brescia 1965, col. 195-230.

GRUNDMANN W., ἰσχύω, in *GLNT*, vol. IV, Brescia 1968, col. 1211-1226.

HANCK F.-SCHULZ S., πραΰς, in *GLNT*, vol. XI, Brescia 1977, col. 63-80.

HARNACK A. von, *Die Mission und Ausbreitung des Christentums in den ersten drei Jahrhunderten*, 2 voll., Leipzig 1924, rist. anast. 1965.

HARNACK A., *L'essenza del cristianesimo*, Torino 1908.

HARNACK A. Von, *Mission et expansion du christianisme dans les trois premiers siècles*, (trad. fr.), Paris 2004.

HORST J., μακροθυμία, in *GLNT*, vol. VI, Brescia 1970, col. 1011-1046.

IACOPINO G., *L'idea di amore negli scritti gnostico-cristiani*, in PANIMOLLE S.A. (a cura di), *Dizionario di spiritualità biblico-patristica*, vol. 3: *Amore, carità, misericordia*, Roma 1993, pp. 221-228.

IVANKA von E., *Platonismo cristiano*, Milano 1992.

JEREMIAS J.- ZIMMERLI W., παῖς θεοῦ, in *GLNT*, vol. IX, Brescia 1974, col. 275-440.
JOLY R., *Christianisme et philosophie. Etudes sur Justin et les apologistes grecs du deuxième siècle*, Bruxelles 1973.
JONAS H. - FARINA R. (a cura di), *Lo gnosticismo*, Torino 1991.
JOSSA J., *I cristiani e l'impero romano*, Napoli 1991.
JOSSA J., *Melitone e l'A Diogneto*, in "Annali dell'Istituto italiano per gli studi storici" 2 (1969-1970), pp. 89-109.
KEHL M., *E cosa viene dopo la fine? Sulla fine del mondo e sul compimento finale, sulla reincarnazione e sulla risurrezione*, Brescia 2001
KESSLER H., *Cristologia*, Brescia 2001.
KIHN H., *Der Ursprung des Briefes an Diognet*, Freiburg im Br. 1882.
KIRCHMEYER J., *Grecque (Église)*, in VILLER M. - CAVALLERA F. - KITTEL G.-von RAD G.- GRUNDMANN W., ἄγγελος, in *GLNT,* vol. I, Brescia 1965, col. 195-230.
KITTEL G., δόξα, in *GLNT*, vol. II, Brescia 1966, col. 1348-1398.
KÜHNERT W., *Zur Sinndeutung des Briefes an Diognet*, in *Geschichtsmächtigkeit und Geduld. Festschrift der Evangelisch-theologischen Fakultät der Universität Wien*, München 1972, pp. 35-41.
LANA I., *Tacito: la parola, il gesto, il silenzio*, in C. CURTI- C. CRIMI, *Scritti classici e cristiani offerti a Francesco Corsaro*, t. II, Catania 1994, pp. 355- 384.

LAMPE G.W.A., *A Patristic Greek*, Oxford 1961.

LAZZATI G., *Ad Diognetum VI,10: proibizione del suicidio?*, in *Studia Patristica* III, Berlin 1961, pp. 291-297.

LAZZATI G., *I cristiani "anima del mondo" secondo un documento del II secolo*, in "Vita e pensiero" 55 (1972), pp. 757-761.

LIDDEL H.G.- SCOTT R., *A Greek English Lexicon*, Oxford 1968.

LIENHARD J.T., *The Christology of the Epistle to Diognetus*, in "Vigiliae Christianae" 24 (1970), pp. 280-289.

LINDEMANN A., *Paulinische Theologie im Brief an Diognet*, in RITTER A.M. (ed.), *Kerygma und Logos. Festschrift für Karl Andresen zum 70. Geburtstag*, Göttingen 1979, pp. 337-350.

LOHSE E. (ed.), *Die Texte aus Qumran hebräisch und deutsch mit masoretischen Punktation*, München 1964

LOISY A., *La religione di Israele*, Milano 1945.

LUCK U., φιλανθρωπία, in *GLNT*, vol. XIV, Brescia 1984, col. 1101-1114.

LUONGO G., *Il ruolo del cristiano nel mondo: ad Diognetum VI,10 e il motivo della diserzione*, in "Annali della Facoltà di Lettere e Filosofia dell'Università di Napoli" 16 (1973-1974), pp. 69-79.

MARA M.,G., *Il Kerygma Petrou*, in *Studi in onore di Alberto Pincherle*, in "Studi e materiali di storia delle religioni" 38 (1967), pp. 314-342.

MARA M.G., *Osservazioni sull'Ad Diognetum*, in

"Studi e materiali di storia delle religioni" 35 (1964), pp. 267-279.

MENESTRINA G., *L'incipit dell'epistola "Ad Diognetum", Luca 1,1-4 e Atti 1,1-2*, in "Bibbia e Oriente" 19 (1977), pp. 215-218.

MESSANA V., *Il topos dell'ironia platonica in Ad Diognetum 1-4*, in "Augustinianum" 14 (1974), pp. 489-495.

MODESTO P., *La colonna e il fondamento della verità*, Milano 1998.

MONDIN B., *Gesù Cristo salvatore dell'uomo: cristologia storica e sistematica*, Bologna 1993.

MORESCHINI C. - E. NORELLI, *Storia della letteratura cristiana antica greca e latina*, vol. I, Brescia 1995.

MORESCHINI C. - NORELLI E., *Histoire de la littérature chrétienne latine et grecque,* vol. I, *De Paul à Costantin (tr. fr.)*, vol. I, Genève 2000.

MORESCHINI C. - NORELLI E., *Historia de la literatura cristiana antigua griega y latina*, vol. I, Madrid 2006.

NAUTIN P., *Lettres et écrivains chrétiens des II et III siècles*, Paris 1961.

NIELSEN Ch.M., *The Epistle to Diognetus: Its Date and Relationship to Marcion,* in "Anglican theological review" 52 (1970), pp. 77-91.

NOCK A.D., *A Note on Epistula ad Diognetum X,1*, in "The Journal of Theological Studies" 29 (1927-28), p. 40.

NOORMAN R., "*Himmelsburger auf Erden. Anmerkungen zum Weltverhältnis und zum*

Paulinismus des Auctor ad Diognetum", *Die Weltlichkeit des Glaubens in der alten Kirche. Festschrift U. Wickert*, Berlin-New York 1997, pp. 199-229.

NORELLI E., *La funzione di Paolo*, in "Rivista biblica" 34 (1986), pp. 578-586.

NORELLI E., *I cristiani "anima del mondo". L'A Diogneto nello studio dei rapporti tra cristianesimo e impero,* in E. Dal COVOLO – R. UGLIONE, *Cristianesimo e istituzioni politiche. Da Augusto a Costantino*, Roma 1995, pp. 53-73.

NYGREN A., *Eros e agape: la nozione cristiana dell'amore e le sue trasformazioni*, Bologna 1971.

OEPKE A., παῖς, in *GLNT*, vol. IX, Brescia 1974, col. 223-275.

OEPKE A., ἰάομαι, in *GLNT*, vol. IV, Brescia 1968, col. 667-724.

OGARA F., *Aristidis et Epistulae ad Diognetum cum Theophilo Antiocheno cognatio*, in "Gregorianum" 25 (1944), pp. 74-104.

O'NEILL J.G., The Epistle to Diognetus, in "The Irish ecclesiastical record" 85 (1956), pp. 92-106.

ORBE A., *La uncion del Verbo*, Roma 1961.

ORBE A., *Cristologia gnostica*, Madrid 1976.

ORBE A., *Hacia la primera teologia de la procesion del Verbo*, Roma 1958.

ORBE A., *La encarnacion entre los valentinianos,* in "Gregorianum" 53 (1972), pp. 201-235.

ORBE A., *La teologia del Espiritu Santo,* Roma 1966.

PALAZZINI P., *La cristologia nei Padri della Chiesa,* Roma 1988.

PANNENBERG W., *Fundamentos de cristologia*, Salamanca 1974.
PANTEGHINI G., *L'uomo alla luce di Cristo*, Padova 1990.
PAULSEN H., *Das Kerygma Petri und die urchristliche Apologetik*, in "Zeitschrift für Kirchengeschichte" 88 (1977), pp. 1-37.
PELLEGRINO M., *Il "topos" dello "status rectus" nel contesto filosofico e biblico (a proposito di Ad Diognetum 10,1-2)*, in *Mullus. Festschrift Th. Klauser*, Münster 1964, pp. 273-281.
PELLEGRINO M., *Studi sull'antica apologetica*, Roma 1947.
PÉPIN J., *Idées grecques sur l'homme et sur Dieu*, Paris 1971.
PESCE M., *Dio senza mediatori. Una tradizione teologica dal giudaismo al cristianesimo*, Brescia 1979.
PETERS G., *Lire les Pères de l'Église. Cours de patrologie*, voll. 2, Roma 1984-1986.
PÉTREMENT S., *Valentin est-il l'auteur de l'Epître à Diognète?* in "Revue d'histoire et de philosophie religieuses" 46 (1966), pp. 34-62.
PETUCHOWSKI J., *I nostri maestri insegnavano*, Brescia 1983.
PIOPPO P., *Cristologia*, Casale Monferrato 2002.
POHLENZ M., *La Stoà. Storia di un movimento spirituale*, Firenze 1967.
POIRIER P.H., *Élements de polémique antijuive dans l'Ad Diognetum*, in "Vigiliae christianae" 40 (1986), pp. 218-225.

POUDERON B. - DORÉ J. (ed.), *Les Apologistes chrétiens et la culture grecque*, Paris 1998.

POUDERON B., *Les Apologistes grecs du II siècle*, Paris 2005.

PREISKER H., ἐπιεικείᾳ, in *GLNT*, vol. III, Brescia 1967, col. 703-710.

QUASTEN J., *Patrologia*, vol. I, Madrid 1961.

QUELL G.- STAUFFER E., ἀγαπάω, in *GLNT*, vol. I, Brescia 1965, col. 57-146.

RAHNER K., *Corso fondamentale sulla fede*, Cinisello Balsamo 1990.

RAHNER K., *Saggi di cristologia e di mariologia*, Roma 1965.

RAMOS-LISSON D., *Patrologia*, Navarra 2005.

REALE G., *Storia della filosofia antica*, vol. I, Milano 1975.

REIJNERS G.Q., *The terminology of the Holy Cross in early christian literature as based on Old Testament typology*, Nijmegen 1965.

RENGSTORF K.H., ἀποστέλλω, in *GLNT*, vol. I, Brescia 1965, col. 1063-1086.

RENGSTORF K.H., διδάσκω, in *GLNT*, vol. II, Brescia 1966, col. 1094-1126.

RIGGI C., *Testimonianza missionaria dell'Avvento di Cristo. Rileggendo l'"Epistola a Diogneto", cod. F*, in "Salesianum" 34 (1972), pp. 419-488.

RIGGI C., *Lettura dell'"Ad Diognetum" secondo il codice F*, in Aa.Vv., *Texte und nnnnnnTextkritik. Eine Aufsatzsammlung*, hrsg. DUMMER J., Berlin 1987, pp. 521-529.

RIZZI M., *Gli apologisti: elaborazione teologica in*

funzione propositiva e polemica, in E. Dal COVOLO (ed.), *Storia della teologia*, vol. I, Roma-Bologna 1995.

RIZZI M., *La questione dell'unità dell'Ad Diognetum*, Milano 1989.

ROASENDA P., *Il pensiero paolino nell'Epistola a Diogneto*, in "Aevum" 9 (1935), pp. 468-473.

ROASENDA P., *In Epistulae ad Diognetum XI-XII capita adnotatio*, in "Aevum" 9 (1935), pp. 248-253.

ROBIN L., *Storia del pensiero greco*, Torino 1978.

SACCHI P., *L'escatologia negli scritti giudaici apocrifi fra IV sec. a.C. e I sec. d.C.*, in S.A. PANIMOLLE (a cura di), *Dizionario di spiritualità biblico-patristica*, vol. 16: *Escatologia*, Roma 1997, pp. 62-83.

SACCHI P., *Storia del II tempio*, Torino 1994.

SAILER I.M., *Der Brief an Diognetus*, München 1800.

SANNA I., *Immagine di Dio e libertà umana*, Roma 1990.

SCARAFONI P. (a cura di), *Cristocentrismo. Riflessione teologica*, Roma 2002.

SCHLIER H., ἀνέχω, in *GLNT*, vol. I, Brescia 1965, col. 965-967.

SCHNACKENBURG R., *Commentario teologico del Nuovo Testamento*, vol. IV, t. 3, (trad. it. di G. CECCHI), Brescia 1981.

SCHNEIDER J., τιμή, in *GLNT*, vol. XIII, Brescia 1981, col. 1270-1295.

SCHÜRER E., *Storia del popolo giudaico al tempo di*

Gesù Cristo, vol. II, (ed. it. di O. SOFFRITTI), Brescia 1987.

SCHWARTZ J., *L'Epître à Diognète,* in "Revue d'histoire et de philosophie religieuses" 48 (1968), pp. 46-53.

SERENTHÀ M., *Gesù Cristo ieri, oggi e sempre: saggio di cristologia,* Torino 1982.

SESBOUÉ B., *Cristologia fondamentale,* Casale Monferrato 1997.

SIMON M., *Les sectes juives au temps de Jesus,* Paris 1960.

SIMONETTI M., *Studi sulla cristologia del II e III secolo,* Roma 1993.

SIMONETTI M., *Testi gnostici cristiani,* Bari 1970.

SIMONETTI M., *Testi gnostici in lingua greca e latina,* Milano 1993.

SIMONETTI M., *La cristologia prenicena,* in Dal COVOLO E. (ed.), *Storia della teologia,* vol. I, Bologna-Roma 1995.

STEMBERGER G., *Il Midrash,* Bologna 1992.

TANNER R.G., *The Epistle to Diognetus and Contemporary Greek Thought,* in *Studia Patristica* 15, Berlin 1984, pp. 495-508.

TAROCCHI S., *Il Dio longanime: la longanimità nell'epistolario paolino,* Bologna 1993.

TASINI P., *In principio. Interpretazioni ebraiche del racconto della creazione I. Il Midrash,* Roma 1988.

THIERRY J.J., *The Logos as Teacher in Ad Diognetum XI,1,* in "Vigiliae Christianae" 20 (1966), pp. 146-149.

TIBILETTI C., *Aspetti polemici dell'Ad Diognetum*, in "AAST II: Classe di scienze morali, storiche e filologiche" 96 (1961-1962), pp. 343-388.

TIBILETTI C., *Azione cosmica dei cristiani in "A Diogneto" 6,7*, in "Orpheus" 4 (1983), pp. 32-41.

TIBILETTI C., *Osservazioni lessicali sull'Ad Diognetum*, in "AAST II: Classe di scienze morali, storiche e filologiche" 97 (1962-1963), pp. 210-248.

TIBILETTI C., *Terminologia gnostica e cristiana in "Ad Diognetum" VII,1*, ivi, 97 (1962-1963), pp. 105-119.

TIBILETTI C., "*Sulla fonte di un noto motivo dell'Ad Diognetum VI*", in "Giornale italiano di Filologia" 16 (1963), pp. 26-267.

TORRE J.M. De La, *Literatura cristiana antigua, entornos y contenidos. Desde su origen hasta la formacion de la gran Iglesia*, vol. I, Zamora 2003.

TOWNSLEY A.L., *Notes for an interpretation of the Epistle to Diognetus,* in "Rivista di studi classici" 24 (1976), pp. 5-20.

TRESMONTANT C., *Évangile de Jean*, Paris 1984.

TREVIJANO R., *Patrologia*, Madrid 2004.

TURNER C.H., *ὁ υἱός μου ὁ ἀγαπητός*, in "Journal of theological Studies" 27 (1926), pp. 113-119.

VIELHAUER P., *Historia de la literatura cristiana primitiva. Introduccion al Nuevo Testamento, los Apocrifos y los Padres Apostolicos*, Salamanca 1991.

VISONÁ G., *La Cristologia degli apologisti*, in S.A. PANIMOLLE (a cura di), *Dizionario di spiritualità biblico-patristica*, vol. 24: *Gesù Cristo nei Padri della chiesa* (*I-III secolo*), Roma 2000, pp. 241-257.

VISONÁ G., *Povertà, sequela, carità. Orientamenti nel cristianesimo dei primi due secoli*, in *Per foramen acus. Il cristianesimo antico di fronte alla pericope evangelica del "giovane ricco"*, Milano 1986.

WEISS K., χρηστός, in *GLNT*, vol. XV, Brescia 1988, col. 819-836.

WENGST K., *Paulinismus und Gnosis in der Schrift an Diognet*, in "Zeitschrift für Kirchengeschichte" 90 (1979), pp. 41-62.

ZEOLI A., *Libertà umana e grazia divina negli apologisti greci del II secolo*, in "Atti dell'Accademia Pontaniana" 4 (1950-1952), pp. 227-235.

ZUCAL S. (a cura di), *Cristo nella filosofia contemporanea. II. Il Novecento*, Milano 2002.

Finito di stampare nel mese di Dicembre 2015
per conto di Youcanprint *Self-Publishing*

www.ingramcontent.com/pod-product-compliance
Lightning Source LLC
Chambersburg PA
CBHW051421090426
42737CB00014B/2770